.

エッセンシャル管理会計

第4版

谷 武幸【著】
Tani Takeyuki

Essential
Management
Accounting

P LAN
D O
C HECK
A CTION

中央経済社

はじめに

　本書は，管理会計をはじめて学ぼうとする人達のための入門書です。学部の学生だけではなく，実務経験のある MBA の学生や管理会計のスタッフ部門以外の企業人にも読んでもらいたいと考えています。

　本書は2009年3月の初版以来13年経過していますが，2011年9月に第2版，2013年12月に第3版を出すことができました。その後も，多くの方々にお読みいただき，今回第4版となりましたことは大きな喜びです。今回も大幅に書き改めました。それは，「こういう入門書を世に問いたい」との初版以来の思いをさらに推し進めたいと考えたからです。この「思い」をお伝えしましょう。

　「管理会計は経営管理のための会計です」。この短いメッセージには2つの意味があります。第1は，会計が企業社会を含めた経済社会の羅針盤，つまりナビゲータであることです。会計によって測定される利益や原価を考えない企業組織はありません。この会計数字を軸とした経営管理の仕組みですから，管理会計が企業社会において大切なことは理解いただけるかと思います。管理会計を学ぶことがそれだけ重要なのです。

　もっとも，「管理会計が経営管理のための会計」であることは，「管理会計は，専門スタッフ部門だけの仕事」ということではありません。会計数字を利用して，経営管理を進めていくのは，トップマネジメントからロワーマネジメントまでの経営管理者，そしてまた組織を構成するすべての成員なのです。これが「経営管理のための会計」の第2の意味なのです。「会計を利用した経営管理」といえます。

　以上の2つの意味を込めて，企業社会に関わろうとする人達に広くお読みいただける入門書でありたいというのが筆者の思いの1つです。基本的な経営管理のための管理会計システムに始まって，戦略管理会計システム，さらには，わが国で生成・発展した日本的管理会計システムまで，管理会計システムの設

計だけではなく，その経営管理への利用の両面にわたって解説してあります。

　筆者には別の思いもあります。「優れた実務には学ぶべき論理がある」との考え方です。優れた実務から学んで，その背後に潜んでいる論理を引き出して理論的に説明しようというのが，研究者としての筆者の姿勢です。本書は，戦略管理会計システムや日本的管理会計システムを含めて，実務の英知をベースとしています。

　以上の思いを込めて，第4版では，「よりわかりやすく，コンパクトに」書き改めました。

　本書の意図を中心に述べてきましたが，さらに改善に努めたいと考えていますので，本書を使われた皆様から，いろいろとご意見をいただければと願っています。

［謝　　辞］

　本書の初版以来，第4版の出版にあたっても，多々ご配慮いただきました，中央経済社取締役 小坂井和重氏に心からお礼を申し上げます。

　最後に，私事に渉って大変恐縮ですが，本書の初版を執筆していたころから急に目を悪くしてしまった私を精神的にも支えてくれている妻 麗に心からの感謝のメッセージを贈ります。今回も，家内にはストレスになったと思いますが，原稿や校正刷りを幾度ともなくチェックし，誤変換を含めた文章の不具合を見つけてくれました。「本当にありがとう」。

　2022年7月

谷　　武　幸

目　　次

第Ⅱ部　基本のPDCAサイクル

第5章　原価管理 ————————————————74

第Ⅲ部 戦略管理会計システム

第11章 ABC/ABM ────────190

学習のポイント 190

第IV部　日本的管理会計システム

第14章　アメーバ経営 ——————————243

序　章

管理会計を学ぶ

§1　構想を実現する：戦略実施

この序章は，管理会計を学ぶ上での読者へのメッセージである。

第1のメッセージは，**管理会計が企業の構想実現のための仕組みであること**である。

個人にしても，企業にしても，「こういう存在でありたい」とか，「こういうことを成し遂げたい」といった理念なりビジョンをもっている。そして，この理念を実現するため，「この5年間で10% の成長を図る」といった長期目的を掲げたり，「この事業分野で成長を図る」といった長期の構想つまり経営戦略を立てたりする。

このような理念のもとで，長期目標や戦略といった構想を掲げることは，個人にとっても大切ではあるが，企業の場合，これがないと，存続や成長も期待できない。

それでは，管理会計の役割は何であるのか。それは，長期目的や経営戦略の実現である。長期目的と経営戦略の実現は戦略実施といわれるので，**戦略実施が管理会計の役割**といえる。どれだけ優れた長期目的や経営戦略であったとしても，それを着実に落とし込む仕組みが求められる。それが**管理会計のPDCA サイクル**である。PDCA は，plan（計画），do（執行），check（チェック），action（アクション）の頭文字をとったものである。

　戦略実施に向けて，どのようなアクションプログラムを組むのかがＰの計画である。しかし，アクションプログラムを組んだだけでは，戦略は必ずしも実現できない。その執行の体制を組んで，行動を実際にとらなければならない。これがＤの執行である。さらに，実際に計画どおりに進んでいるかをＣでチェックし，必要なアクションをＡのステップでとる。以上のプロセスがPDCAサイクルで，管理会計はこのサイクルに関わっている。

　家計の場合で考えてみよう。家計を預かっている人は，家計簿を使って家計の収支管理を行っている。家計簿が会計の仕組みに相当し，これを使ってPDCAサイクルを回すことで収支が管理されている。

　家計を預かる人は，毎月の収入を見込んだ上で，主食費，副食費，嗜好品費，衣料品費，家賃，預金などにどれくらい支出するかについて，基準をもっている。過去の実績は参照するが，支出の基準のベースとなるのは，「こういう家庭を築きたい」との理念のもと，「××年を目標に○○万円程度のマンションを購入したい」とか，「子供の教育費を考えて，高校入学までには，△△万円は貯金しておきたい」などの構想である。これが長期目的や経営戦略にあたる。そして，これに基づいて，毎月の預金や各費目の支出の基準が計画される。また，場合によっては，収入を補うため，パートにでることが計画されたりもする。このような計画は予算であり，PDCAの最初のステップのＰである。

　特に着目したいのは，管理会計が戦略実施のシステムであると述べたように，家計における収支管理においても，戦略実施のためにPDCAのＰが行われていることである。マンションを購入したいという構想をもったとしても，その実現に向けて一歩踏み出さないと，構想は「絵に描いた餅」に終わってしまう。その実現には，それを具体化する行動をあらかじめ計画しておかなければならない。毎月の預金を確保することを念頭において，毎月の収入に対して各費目の予算を設定していたのである。

　計画のステップが終わると，Ｄの執行のステップに入る。計画をガイドラインとして，これから外れないように，主食，副食，嗜好品，衣料品，家賃などに支出するとともに，預金を確保する。また，収入面ではパートを確実にこな

し，給与収入を補っていく。

　執行の次のステップはCのチェックである。計画をガイドラインとして執行していくが，収支が計画どおりになっているかどうかを月の途中で確かめておかないと，月末近くになって，やりくりに支障をきたす結果となることがある。そこで，家計簿の収入欄と支出欄との差額の残高欄を毎日チェックするとともに，たとえば10日ごとに収入の種別，支出の種別に集計を行う。これによって，家計が計画どおり進んでいるか，また計画との違いがどこで生じているかを早い時点で確認することができる。

　家計が計画どおりに執行されているかどうかを途中でチェックするのは，収入不足や使いすぎを適時に認識し，計画の実現に向けてAのアクションをとることである。たとえば，残業が減って，収入が計画より減少すると，パートで補ったり，一部の出費の節減を検討したりする。アクションが決まると，それが実行に移される。

　最後に，1カ月の結果が次月の予算に活かされる。特定費目の削減が不可能なことが分かると，他の費目の削減や収入増の方策を検討して次期の予算に組み入れる。

§2　組織成員や部門を取りまとめる

　管理会計のPDCAサイクルは，設定した室温を自動的に制御する機械システムではない。家計であっても，家計簿をきちんとつけて，チェックしただけでは，家庭の構想は実現できない。この構想，さらにはその元となる理念を共有した上で，PDCAサイクルにおいて，成員である家族に収入と支出の両面で互いに働きかけていかなければならない。

　これは企業においても同様である。しかし，家計と比べて複雑なのは規模が大きく，階層的な組織となっていることである。トップマネジメントのもとに，営業部や製造部などがおかれ，製造部のもとに加工課・組立課など，そして営業部の下に営業支店がおかれたりする。

　これは部門化といわれるが，戦略実施には，組織目標実現に向けて，部門，そしてこれを構成する経営管理者をはじめとした組織成員の取りまとめが求められる。管理会計は，部門や組織成員の取りまとめの仕組みの1つである。これが読者への第2のメッセージである。管理会計のPDCAサイクルも，組織階層にあわせて設計される。この点，管理会計は会計の仕組みを超えて，組織の構造やそのプロセスと深く関わっていることをあらかじめ念頭においておかなければならない。これは，管理会計が経営管理のための会計であることの別表現でもある。

　予算を例にとると，全社予算は部門予算を取りまとめて計画（編成）される。そして，執行の結果は，課，部，そして全社で階層的に積み上げてチェックされるとともに，アクションが各階層で起こされる。

　「部門や組織成員の取りまとめ」には，別の意味がある。家計の場合において，成員である家族への働きかけが必要であるのと同様，部門や組織成員の取りまとめには，管理会計システムの設計・運用にあたって，部門や組織成員への働きかけを促すことが求められる。

　働きかけの仕組みの簡単な例はふたたび予算である。上司は，組織目標を示して，部下の部門の予算編成を働きかけるし，部下も自部門のヒト・モノ・カネ・情報の資源を求めて上司に働きかける。このようにすり合わせて，全社予算が編成され，これが執行される。そして，たとえば月次にチェックを行い，予算が未達成であることが分かると，上司と部下間で互いに働きかけを行って対応策を採る。

　ここでの説明は単純化しているが，部門や組織成員の取りまとめ，また働きかけは，戦略実施の管理会計のメインの課題である。このための仕組み，そしてまたこの運用について，本書で学んでもらいたい。

§3　創意工夫を生み出す

　読者への第3のメッセージは日本発の管理会計システムから学んでほしいこ

とである。本書の第IV部で取り上げる「原価企画」や「アメーバ経営」は，欧米発の管理会計システムとは異なる発想から考案された。それが，組織成員の創意工夫を引き出すことで，これらのシステムを実践している企業の競争力の源泉の1つになっている。

　これらは，その発想を実現するため，高い目標数字に徹底的にこだわる仕組み，そしてPDCAサイクルを徹底的に回すなかで，組織成員間で相互に創意工夫の出し合いを促す仕組みを組み込んでいる。また，システムが徹底的に運用されている。

　高い目標数字にこだわって，PDCAサイクルを徹底的に回す独創的なシステムを作り上げること，そしてこのシステムを徹底的に運用することが企業，さらには経済の活性化につながることを学んでほしい。

　さあ，学習を始めましょう。

管理会計の
基礎

第**1**章

管理会計の意義

学習のポイント

本章では，「管理会計とは何か」，その輪郭を説明する。本章での学習の目標は次の2点を理解することである。

(1) 管理会計が対象とする経営管理はなぜ必要なのか。そのプロセスであるマネジメントコントロールとは何か。また，マネジメントコントロールにおける基本のPDCAサイクルとはどのようなプロセスをいうのか。

(2) 管理会計へのアプローチとして，業績管理と意思決定の2つがあること。

§1 経営管理とは

1■ 不確実だから計画が必要：長期目的と経営戦略の役割

最初に，序章で述べた第1のメッセージ「管理会計は戦略実施のPDCAサイクル」をより詳しく説明する。

管理会計（management accounting）とは，その英語標記から分かるように，マネジメント，つまり経営管理のための会計である。具体的には，「戦略実施を目的としたマネジメントコントロールに関わった会計の分野」である。本章ではこの意味を明らかにする。その第一歩として，まず経営管理の意味から考

えることにする。その後に，管理会計が関わるマネジメントコントロールの意味を述べる。

　経営管理とは，トップマネジメントだけでなく，ミドルマネジメントやロワーマネジメントを含めて，組織のさまざまな階層における経営管理者が組織目標の達成のために遂行する仕事である。その内容は，部下に対するリーダーシップに加えて，PDCA であるといわれる。PDCA は plan（計画），do（執行），check（チェック），action（アクション）の頭文字をとっている。

　まず，計画が必要な理由を考えてみよう。企業は，不確実な環境のもとで事業活動を営んでいる。不確実だからといって，場当たりの行動をとったのでは，仮に成長市場で売上が伸びていたとしても，たとえば行きすぎた事業拡大の結果，資金不足に陥り，倒産の憂き目にあうなど，経営として成り立たないことは必至である。このため，企業は，トップマネジメントが主導して，長期目的や経営戦略を策定する。

　長期目的は，企業の成長や市場占拠率等の長期の数字目標で設定される。そして，**経営戦略**は，長期目的を達成するために，「将来の道筋を，企業環境とのかかわりで示した長期的な構想」（加護野忠男・吉村典久編著『1からの経営学』碩学舎，2006年，31頁）として策定される。経営戦略に応じて，ヒト・モノ・カネ・情報の経営資源を何に配分するかの大枠が決まる。

2■ 戦略実施のため PDCA サイクルを回す：マネジメントコントロール

　長期目的や経営戦略の策定は経営管理者，特にトップマネジメントの重要な役割である。しかしながら，長期目的や経営戦略を策定しただけでは，「絵に描いた餅」に終わってしまい，これを実現できない。長期目的や経営戦略を実現するには，**図1.1**に示したような PDCA サイクルを回さなければならない。長期目的や経営戦略を実現することは，戦略実施といわれるので，戦略実施のPDCA サイクルといってもよい。

　本章の冒頭において，管理会計は「戦略実施を目的としたマネジメントコントロールに関わった会計の分野」といったが，戦略実施の PDCA サイクルが

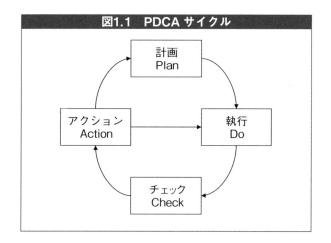

マネジメントコントロールと呼ばれる。この辺りで，マネジメントコントロールを定義しておこう。マネジメントコントロールとは，「PDCAサイクルを回すことにより，経営管理者が戦略実施を図るプロセス」をいう。以下，**図1.1**により戦略実施のPDCAサイクルを説明する。

① **計　画**……まず，長期目的や経営戦略を実現するため，これを目標として，PDCAのPのステップにおいてさまざまな計画が立てられる。たとえば，5年間で売上成長率20％の長期目的のもと，特定事業への集中がトップマネジメントから経営戦略として表明されたとする。これを実現するために，新製品の開発やこれに伴う開発要員の再配置が必要であるとすると，これらが新製品開発計画や要員計画に組み込まれる。また，新製品開発が決定されると，必要資金を確保するために，長期資金計画にこれが組み込まれる。さらに，これを受けて必要な資金が予算で手当される。このように，戦略上の構想を実現するため，具体的な道筋が計画によって示される。

② **執行とチェック**……計画を立てただけでは，やはり「絵に描いた餅」で終わってしまう。これを着実に実現するには，経営管理者のリーダーシップのもと，計画を指針として業務活動を行うことが求められる。これがPDCAにおける**執行**のステップである。また，各経営管理者は，定期的

にまたは節目節目において計画の進捗を実績との対比により PDCA の C
のステップでチェックする。

③ **アクション**……進捗をチェックするだけでは，計画は実現できない。計
画と実績との比較により，計画の未達成が判明すると，その原因を調査し，
経営環境を考慮して，どのような対応策を取るべきかを検討する。また，
この対応策をアクションに移す。後者は，**図1.1**において A から D への矢
印で示されている。

④ **フィードバック**……計画と実績との比較において，アクションを検討・
実行するだけではない。PDCA は，次の P つまり計画につながっていて，
サイクルをなしている。戦略実施のため，C の結果を次の計画に活かすこ
とが PDCA にとって重要である。これをフィードバックという。チェッ
クの意味は単なる過去の評価，特に責任追及ではない。その結果を将来に
活かすことが重要である。

PDCA サイクルは，計画が有効に実現できるようコントロールを行うプロ
セスであるため，制御工学の用語になぞらえてフィードバックコントロールと
いわれる。また，PDCA サイクルはフィードバックループと呼ばれる。室温
を20度に設定して(P)，エアコンの運転を開始する(D)。そして，室温が20度
を外れそうになることをセンサーが感知すると(C)，マイコン制御により(A)，
設定室温20度をキープする。

もっとも，マネジメントコントロールの PDCA サイクルは，エアコンのよ
うな機械的システムのそれとは異なる。これは，戦略実施のマネジメントコン
トロールが以下の2つの特徴をもつことによる。本章では，これらを簡略に説
明する。

① PDCA サイクルが階層をなしていること
② PDCA サイクルが組織で使われること

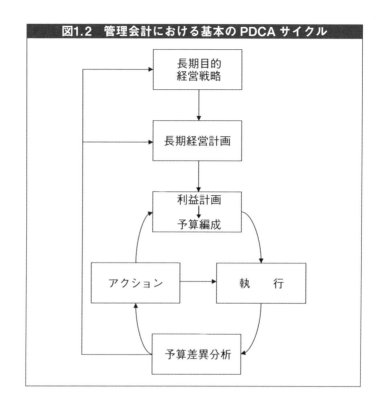

図1.2　管理会計における基本の PDCA サイクル

3■ 階層をなす PDCA サイクル

　以下，PDCA サイクルの階層性を**図1.2**を使って説明する。このような階層性が求められるのは，長期目的・経営戦略を目標として設定される P をただちに業務活動の指針とすることができないからである。まず長期目的・経営戦略を長期経営計画に展開した上で，これを利益計画以下の PDCA サイクルにつなげるのが有効である。

　図1.2に示したコントロールのプロセスは，管理会計が伝統的に対象としてきたプロセスであるし，今日においても中核のプロセスである。この意味では，戦略実施のためのマネジメントコントロールにおける基本の PDCA サイクルであるとともに，管理会計の基本の PDCA サイクルであるといってもよい。

　戦略実施の第一歩は**長期経営計画**である。長期経営計画がたとえば 3 年計画としてもたれる場合を想定しよう。長期経営計画では，長期目的や経営戦略からみて，その実現に必要な長期目標，たとえばこの 3 年の利益，成長やヒト・モノ・カネ・情報の経営資源の蓄積などに関する長期目標を設定する。続いて，この長期目標を達成する上でキーとなる戦略課題を洗い出す。そして，長期目標の達成や戦略課題の解決に向けて，新製品開発計画，設備投資計画などの個別案件（プロジェクト）を立案する。続いて，これらの案件を総合して 3 年の長期経営計画を策定する。

　この長期経営計画は，それ自体が計画であるとともに，長期目的や経営戦略の執行の手段である。したがって，長期経営計画も執行の管理システムと位置づけることができる。ここに，PDCA サイクルの階層性がみられる。

　次に，**図1.2**をみると，長期経営計画から利益計画・予算編成へ矢印が伸びている。これ以降のプロセスが利益管理と総称される。長期経営計画をより詳細に次年度の計画に展開するとともに（**利益計画**），その執行責任を担う経営管理者に生産・販売などの責任を割り付け，またその責任遂行に必要なヒト・モノ・カネ・情報の資源を割り付けて，予算を編成する（**予算編成**）。このように，責任を決めて資源を配分しないと，PDCA のステップは進まない。予算編成方針の設定につながる利益計画は，計画のステップであるとともに，長期経営計画の執行のステップである。PDCA サイクルの階層性がここでもみられる。

　図1.2における予算編成以下のステップは**予算管理**と呼ばれる。予算編成が終了すると，この予算が執行責任をもつ経営管理者に示達される。その経営管理者は，予算を指針として業務を行うが，これが PDCA の D つまり執行にあたる。次に，通常は，月次に実績が集計され，予算達成の進捗がチェックされる。予算と実績との差は予算差異と呼ばれる。この差異の要因と原因を分析し（**予算差異分析**），この情報に基づいて各経営管理者が予算達成に向けたアクションをとる。また，次期の利益計画・予算編成にフィードバックする。

　このように，利益管理のプロセスのなかで PDCA サイクルがみられる。こ

れが**図1.2**の一番下に示された最下層の利益管理のサイクルである。しかし，PDCA サイクルは階層をなしているといったように，他のサイクルも存在する。**図1.2**において，長期経営計画から利益計画・予算編成・執行・予算差異分析を経て，長期経営計画にフィードバックされるサイクルがみられる。つまり，利益管理は長期経営計画の執行のためのシステムであるとともに，利益管理における予算差異分析の結果は，次期の長期経営計画に活かされるのである。

　図1.2における最上層の大きなサイクルは，長期目的・経営戦略から長期経営計画，さらに利益計画・予算編成・執行・予算差異分析を経て，長期目的・経営戦略にフィードバックされるサイクルにみられる。長期経営計画や利益管理は戦略実施を目的としているが，他方では利益管理のなかで得られたフィードバック情報は，長期目的や経営戦略の策定に使われる。たとえば，市場における製品の収益性の大幅な変化が予算差異分析により観察されると，その製品事業に関わる経営戦略や事業間での資源配分が見直されたりする。したがって，管理会計は，戦略実施のシステムではあるが，長期目的・経営戦略の策定にも貢献できる。

4■ PDCA サイクルが使われるのは組織

⑴　組織成員に働きかける

　次に，PDCA サイクルが組織で使われることがもつ意味を述べる。

　組織はさまざまな人達から成り立っているが，組織を構成する成員がバラバラでは組織とはいえない。組織全体への「取りまとめ」が必要である。戦略実施のマネジメントコントロールにおいても，組織成員に対して，経営管理者が能動的に働きかけることが求められる。

　「取りまとめ」や「働きかけ」については，序章における第2のメッセージで述べた。このうち，「働きかけ」は，組織成員個人のレベルまで遡って考えることができる。マネジメントコントロールの PDCA サイクルが組織成員のやる気つまりモチベーション（動機づけ）に及ぼす影響を考慮しなければならない。モチベーションに作用するさまざまな心理学的要因が知られているが，

本書においても，管理会計システムの設計・運用との関係で，そのいくつかを取り上げる。

　たとえば，PDCA サイクルにおいて，P の計画における目標がある程度高いほうが，目標の達成感が生まれ，モチベーションが高くなるといわれる。しかし，目標が厳しすぎると，努力しても達成できないとの意識が生まれ，その達成に対するモチベーションが下がるかもしれない。逆に，目標水準が低すぎると，いつでも容易に目標を達成できるという意識が生まれたり，目標の達成感がなくなったりして達成へのモチベーションが低くなることも考えられる。目標設定の厳しさについては，第 5 章「原価管理」，第13章「原価企画」や第14章「アメーバ経営」で取り上げる。

⑵　部門を取りまとめる：統合

「取りまとめ」の第 2 の意味は，「部門の取りまとめ」である。

　組織はある程度の規模に達すると，分業が進み，部門化が行われる。購買，生産，販売などの職能別に部門が設定されたり，繊維事業や化成品事業といった事業別に部門が組織されたりする。また，各部門は，さらにその下位部門に細分されるため，組織の構造は階層的となる（階層的組織）。これは組織が大きくなるにつれて，一人の管理者では組織を取りまとめることができなくなるからである。部門に特定の職能や事業の仕事を割り付け，その仕事遂行は各部門の経営管理者つまり部門管理者に委ねることになる。

　しかしながら，いろいろな部門がバラバラでは組織が成り立たない。部門の組織全体への取りまとめが求められる。これが統合（integration）である。

　組織全体への取りまとめに対する管理会計の意義を考察する際に，統合を中核の概念として，管理会計システムの設計・運用にアプローチする。業績管理アプローチである。詳しくは，第 4 章で述べる。

§2　管理会計のアプローチ

1■ 管理会計情報は組織の統合に使われる：業績管理アプローチ

　マネジメントコントロールの PDCA サイクルにおいて，管理会計上，全社業績やさまざまな階層の部門業績が測定される。この業績測定に焦点を当てると，マネジメントコントロールプロセスは業績管理のプロセスと捉えることができる。**業績管理**とは，全社の業績目標が達成できるようまた部門業績が全社業績につながるよう部門業績を管理することをいう。

　業績管理は，まさに部門の取りまとめつまり統合のための１つの仕組みであることが分かる。このため，戦略実施を図る上で，業績管理は統合とともに，管理会計システムの設計・運用を考察する際のキーの概念となる。そこで，業績管理と統合の視点からの管理会計へのアプローチを**業績管理アプローチ**と呼ぶことにする。

　図1.2における利益計画以下の PDCA サイクルつまり利益管理を業績管理アプローチで説明することにしよう。予算編成方針設定のベースとなる利益計画において，全社目標となる全社の短期利益目標などから部門目標が展開され，これが部門に伝達される。これを受けて，部門予算案が提出されると，この予算案を部門目標や全社目標と突き合わせ，また本社と部門とのすり合わせを経て，全社予算と部門予算が編成される。これは，全社短期利益目標の実現に向けて，計画のプロセスにおいて部門を統合するプロセスである。

　次に，予算の執行に向けて，部門予算が部門に伝達されると，各部門は部門予算を指針に業務を行う。そして，たとえば月次に実績が把握され，予算の達成がチェックされる。予算・実績の比較で部門業績が測定される。各部門では，予算差異の原因を調査し，また必要なアクションを検討して，これを実行する。他方，上司も予算差異が大きくなると，その原因を部下からヒアリングし，場合によってはアクションを部下に指示する。こういった一連のステップにより，

全社目標の達成に向け，部門業績を管理して，統合が図られている。

　上述のかぎりにおいても，業績を管理するため，上司から部下への働きかけが行われている。しかし，上司から部下への働きかけにとどまるわけではない。部下も，自らの部門目標を達成するのに必要なヒト・モノ・カネ・情報の経営資源を獲得するには，上司や同僚に働きかけなければならない。この点は，第4章以下で述べる。ここでは，部門を統合するため，部門の壁を越えた働きかけが行われることだけを示唆しておく。

　以上，マネジメントコントロールを業績管理のプロセスと捉えるとともに，統合の概念を述べることによって，業績管理アプローチを説明してきた。まとめとして，これを定義しておく。**業績管理アプローチ**とは，「マネジメントコントロールプロセスにおける業績管理の役割を考察するとともに，管理会計システムの設計・運用に統合の視点から焦点を当てるアプローチ」である。部門の統合は，組織の問題であるから，業績管理アプローチは，組織論的アプローチともいえる。

　業績管理アプローチをとることによって，マネジメントコントロールプロセスにおける管理会計の役割が大部分明らかになる。実際，管理会計上の具体的な管理システムに関する第5章以下では，第7章「設備投資計画」と第11章「ABC/ABM」における ABC を除いて，業績管理アプローチが主に適用されている。経営管理者が PDCA サイクルを回すことによって，戦略実施を図るマネジメントコントロールのプロセスにおいて，部門が関わってくるため，業績管理による統合の問題が生じるからである。

2■　管理会計情報は経営管理者の意思決定に使われる：意思決定アプローチ

　とはいっても，戦略実施のためには，別のアプローチが同時に求められる。マネジメントコントロールプロセスにおいて，さまざまな意思決定がいろいろな階層の経営管理者によって行われるからである。これに対応して，意思決定アプローチが第2のアプローチとなる。

　マネジメントコントロールの PDCA サイクルにおける意思決定としては，

たとえば，利益計画のプロセスにおいて，どの製品のどのモデルの販売をプッシュするのかが決定される。さらに，このように特定製品・モデルの販売促進を決定すると，そのための販売促進手段（たとえば広告宣伝）をどうするのか，またどの程度の費用を投入するのかを決めることになる。このような意思決定のために管理会計情報が使われる。

以上の例はPDCAのPにあたる利益計画のプロセスで行われる意思決定であるが，予算管理のDCAのプロセスでも意思決定が行われる。たとえば，販売促進のため第2四半期に広告キャンペーンを張ることを予算編成に盛り込んでいたとしても，この四半期のどの時期に集中させるのか，またどのメディアを使うのかをDの執行のなかで決めなければならない。

また，Cのチェックのステップにおいても，意思決定が行われる。たとえば，予算差異が確認されたとして，この原因を調査するのかという決定である。原因調査をするという決定が行われると，次にAのアクションのステップにおいて対応策の決定がさらに行われる。

このようにPDCAサイクルは一連の意思決定のプロセスと理解できる。これに応じて，管理会計システムの設計・運用も意思決定に対する情報の提供という視点からアプローチできる。これが意思決定アプローチである。定義しておくと，**意思決定アプローチ**とは，「マネジメントコントロールプロセスにおける意思決定に対する管理会計情報の役割を考察するとともに，管理会計システムの設計・運用に意志決定の視点から焦点を当てるアプローチ」である。意思決定アプローチは，業績管理アプローチとの比較では，経済学的アプローチといってよい。意志決定の経済的効果に関する情報にウエイトが置かれるからである。

3■ 2つのアプローチの関係を理解する

業績管理と意思決定の2つのアプローチの関係については，次の3点の理解が求められる。第1に，管理会計に対するアプローチであり，この2つが管理会計上の特定の管理システムを指すということではない。1つの管理システム

に対して，2つのアプローチがとられる。実際，必要な管理会計情報の提供ということでは，2つのアプローチから導かれる情報がともに求められている。

　この理由はすでに示した例を考えると明らかである。利益管理のプロセスは業績管理のプロセスであり，業績管理アプローチが必要である。しかしながら，すでに述べたように，Pの利益計画だけではなく，DCAのプロセスにおいて多くの意思決定が行われる。このため，利益計画のプロセスだけでなく，予算管理のプロセスにおいても，意思決定アプローチが必要とされる。

　もっとも，第2に，管理会計としては，業績管理アプローチが中心になることを理解しなければならない。すでに述べたように，経営管理者がPDCAサイクルを回すことによって，戦略実施を図るマネジメントコントロールのプロセスにおいて，人や部門が関わってくる。このため，統合に向けて，業績管理の問題を重視しなければならない。人や部門を抜きにして，戦略実施は考えられない。

　第3に，業績管理の情報は経営管理者の意思決定に当然影響を与える。経営管理者としては自部門の業績がよくなるよう意思決定を行うからである。しかし，これは意思決定アプローチの問題ではない。業績管理アプローチに従って，業績管理が経営管理者の意思決定に及ぼす影響を統合の視点から考慮して，管理会計システムを設計・運用することになる。

4■　戦略的計画と戦略管理会計システム

(1)　長期経営計画は戦略的計画

　図1.2に示したマネジメントコントロールにおけるPDCAサイクルの全体が戦略実施のPDCAサイクルである。したがって，長期経営計画も戦略実施のシステムである。もっとも，長期経営計画，そしてこれに含まれる個別案件に関する設備投資などの計画は**戦略的計画**（strategic planning）の性格をもっている。

　長期経営計画では，長期目的や経営戦略を実現する上で，長期経営計画上の長期目標を設定したり，その計画期間に取り組むべき戦略課題を洗い出したり

するステップがある（第6章参照）。これらを決めることはまさに戦略的計画と呼んでよい。また，長期目標達成と戦略課題解決に向けて代替案を探索・選択し，これを長期経営計画に総合するというプロセスもきわめて戦略的である。

このような戦略的計画に対しても，意思決定アプローチとともに，業績管理アプローチがとられる。長期経営計画に際しても，戦略実施上，部門の長期目標をどのように設定するのか，また部門の長期経営計画をどのように全社の長期経営計画に総合するのかという業績管理上の問題が生じるからである。

(2)　戦略管理会計システム

長期経営計画やこれに含まれる設備投資計画以外に，経営戦略に直接リンクしたシステムが登場するに及んで，戦略管理会計の概念が登場した。戦略管理会計の意義については第11章で詳しく述べる。もっとも，戦略管理会計は，業績管理アプローチと意思決定アプローチと並ぶ第3のアプローチではない。戦略管理会計は，特定の特徴をもつ管理システムや分析法の総称である。特定の特徴とは，以下の2つの要件のいずれかを満たす場合をいう。

① マネジメントコントロールのPDCAサイクルにおいて経営戦略に焦点を当てることによって，戦略実施を促進して，競争優位をもたらすシステム。長期経営計画やバランスト・スコアカードがこれに該当する。

② 長期経営計画上の多様な個別案件に関する計画に関わったシステム（PDCAサイクルを伴うこともある）であり，競争優位や組織変革を生み出すシステム。ABC/ABMや原価企画がこれに該当する。

5■ 本書の構成

本章の最後として，本書の構成を示しておこう。本書は4つのパートから構成されている。第Ⅰ部「管理会計の基礎」では，管理会計を学習する際に知っておかなければならない基礎知識を記述している。本章の「管理会計の意義」に続いて，第2章では「管理会計の基礎概念」を解説する。第3章と第4章において，それぞれ「意思決定アプローチの方法」と「業績管理アプローチの方

法」を述べる。

　次の第Ⅱ部「基本のPDCAサイクル」では，マネジメントコントロールにおける基本のPDCAサイクルに関連した管理システムを取り上げる。まず第5章において，システマティックな管理会計技法として最も古典的な「原価管理」を説明する。その後，**図1.2**に示した基本のPDCAサイクルにおける管理システムを順に取り上げる。第6章「長期経営計画」，第7章「設備投資計画」，第8章「利益計画」，第9章「予算管理」である。また，第10章では，事業部制組織における業績測定や振替価格の設定を中心にして，「事業部の業績管理」にふれる。

　第Ⅲ部は，「戦略管理会計システム」ということで第11章において戦略管理会計システムの意義を述べたのちに，戦略管理会計システムの1つである「ABC/ABM」を説明する。第12章では「バランスト・スコアカード」を取り上げる。

　最後の第Ⅳ部では，日本で生成・発展し，また欧米諸国の研究者や実務家から注目された日本的管理会計システムを取り上げる。第13章において，日本的管理会計システムの特徴を述べたのち，その1つのシステムである原価企画を解説する。第14章ではアメーバ経営を説明する。

第1章　練習問題

設問　a～dの空欄を適切な用語で補いなさい。
(1) 管理会計が主として関わる経営管理のプロセスは（　a　）と呼ばれる。（　a　）とは，PDCAサイクルを回すことにより，経営管理者が戦略（　b　）を図るプロセスをいう。したがって，管理会計は，戦略（　b　）を目的とした（　a　）に関わった会計の分野と定義できる。
(2) 管理会計へのアプローチには意思決定アプローチと（　c　）の2つがある。（　c　）では，部門の（　d　）に焦点が当てられる。

より進んだ学習のために

第Ⅰ部と第Ⅱ部については，下記の書物を参照されたい。また，そこで示されている文献を読むことによって，さらに高度な学習に進んでもらいたい。

谷武幸・小林啓孝・小倉昇編著『業績管理会計（体系現代会計学第10巻）』中央経済社，2010年

第2章

管理会計の基礎概念

管理会計にはさまざまな管理システムがある。本章では，これらの管理システムに共通の基礎を解説する。本章での学習の目標は以下の3点を理解することである。

(1) 管理会計を理解する基礎として，どのような原価概念を知っておかなければならないのか。

(2) 原価を変動費と固定費に分解する際に，どのような方法を使うことができるのか。

(3) 計画にはどのような種類があるのか。

§1 要素としての原価概念

1■ 原価とは何か

管理会計ではさまざまな原価概念が使われる。本章では，このうち，基礎的な原価概念を説明する。これらの概念は，意思決定アプローチと業績管理アプローチの両方で使われる。

原価とは何かをまず考えよう。原価とは原価計算対象について把握される財やサービスの消費を貨幣価値で評価したものをいう。ここにおいて，**原価計算対象**とは，原価計算の対象をいう。原価計算対象としては，製品，部門やさまざまなプロジェクト（製品開発，設備投資など）など広範な例をあげることが

できる。原価計算対象を選択し，これについて財やサービスの消費を金銭で把握すれば，製品の原価，部門の原価やプロジェクトの原価ということになる。

　しかし，上述の定義は**原価の一般概念**であり，これでは具体的な原価の把握つまり原価計算につながらない。そこで，次に具体的な原価概念を説明する。第1は，**要素としての原価概念**である。

　原価はいくつかの原価要素から構成されている。原価要素の区分の仕方は多様であるが，基本的な区分は，①原価の形態，②直接費・間接費，③部門個別費・部門共通費，④変動費・固定費，⑤キャパシティコスト・アクティビティコストの5つである。

2■ 原価を形態別に分類する：材料費・労務費・経費

　原価要素はまずその自然的発生形態に応じて，材料費，労務費と経費に分類される。この分類は，企業のさまざまな職能のうち主に製造に関連して発生する原価つまり製造原価に対して適用される。

　材料費（material cost）とは，製造目的に関わる財の消費によって生じる原価要素である。素材費や買入部品費が材料費の中心である。**素材費**とは，製品の主な構成部分となる素材の消費高であって，そのまま製品に取りつけられる部品の消費高つまり**買入部品費**とは区別される。この他，材料費には消耗工具器具備品費がある。これは，耐用年数が短く，単価の安いペンチ，ハンマー，ヤスリ，定規等の工具・器具・備品の消費高である。

　次に，労働力の消費によって生じる原価の要素が**労務費**（labor cost）である。賃金，給料，従業員賞与手当等に分類される。**賃金**は作業者に支払われる報酬，給料は工場監督者や工場事務職員に支払われる報酬である。また，従業員賞与手当とは，たとえば賞与，家族手当，住宅手当，通勤手当のように労働に直接関係なく支払われる給与をいう。

　最後に，**経費**とは，材料費・労務費以外の原価要素である。外注加工賃，運賃，通信費，修繕料，電力料，ガス代，水道料，減価償却費，賃借料，保険料，固定資産税などがある。

3■ 原価を製品との関連で分類する：直接費と間接費

　原価要素の第2の分類として直接費（direct cost）と間接費（indirect cost）の区別がある。これは製造原価だけでなく，販売費についても適用される。直接費・間接費は，原価の発生が製品の製造や販売に直接関連して把握できるかどうかによって区別される。直接認識できる原価が**直接費**である。

　この区別を原価要素の形態別分類と組み合わせて，製造原価を分類できる。**図2.1**から分かるように，まず第1に**直接材料費**の原価要素が明らかになる。これは，素材費，買入部品費が該当する。これらは，製品の製造に関わらせて直接的に認識可能な原価要素である。つまり，製品の製造に対して素材や買入部品がどれだけ使われたかを直接認識できる。

　これに対して，材料費のなかでも，ペンチやヤスリなどの消耗工具器具備品費などはどの製品にも使われるし，また使用による摩耗も明確に測定できないため，製品の製造に対して直接認識することはできない。このため，**間接材料費**として処理される。

　次に，**直接労務費**とは，製品の製造に直接従事している作業者（直接工）の賃金の消費高をいう。この場合，直接工がどの製品の製造にどれだけ従事した

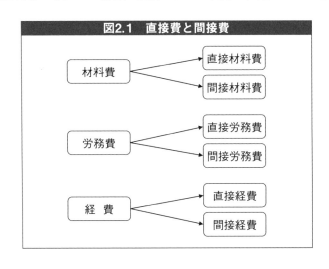

図2.1　直接費と間接費

かを直接作業時間で把握できるので，製品の製造に対して消費した直接工賃金を直接認識できる。これに対して，機械の整備や清掃にあたる間接工の賃金や工場監督者・工場事務職員の給料は**間接労務費**である。これら間接工，監督者や工場事務職員は，特定製品のどの製造に関連したかを直接認識できないからである。なお，直接工が間接作業に従事すると，その時間分は間接労務費として処理される。

　直接経費の例としては，特定の製品に対する外注加工賃や特許権使用料をあげることができる。製品の製造に直接関連して，これらの原価が発生するからである。経費はこれらの例外はあるが，ほとんどは**間接経費**である。

4■　原価を部門への帰属可能性で分類する：部門個別費と部門共通費

　原価は特定の部門に帰属可能かどうかに応じて，部門個別費と部門共通費に分類される。**部門個別費**とは，特定の部門に帰属可能な原価をいう。これに対して，複数の部門にしか帰属できない原価は，個々の部門にとっては**部門共通費**といえる。たとえば，1つの工場のなかに3つの製造部門があるとする。このとき，各製造部門に設置されている機械の減価償却費は製造部門の部門個別費である。他方，この3つの製造部門が入っている工場建物の減価償却費は，工場の部門個別費であっても，個々の製造部門にとっては部門共通費である。このように，部門個別費か部門共通費かは組織の階層によって異なり，上位の階層ほど部門個別費が多くなる。

5■　原価をコストビヘイビアで分類する：変動費と固定費

　原価の要素別分類基準の第4は**コストビヘイビア**（cost behavior）である。コストビヘイビアとは，生産量，販売量や製造部門の操業度（直接作業時間や機械運転時間で測定される）といった**営業量**（volume）の変化に対して，原価がどのように変化するかを指している。

　管理会計では，このビヘイビアを**図2.2**に示した4つのパターンで捉えるのが通常である。図では横軸に営業量を，縦軸に原価をとっている。**変動費**

（variable cost）は営業量に対して比例的に増減する原価をいう。直接材料費が
その代表例である。素材や買入部品の消費量は生産量が110％に増えると，そ
れに比例して10％増となる。

　直接労務費も生産量が10％増の場合，直接作業時間は10％増加すると考えら
れる。したがって，賃金制度が出来高給であれば，直接労務費も10％増加する
ことになる。しかしながら，賃金制度が日給月給制の固定給というわが国での
実情からいうと，生産量が定時の範囲内で，残業手当が発生しないかぎり，直
接労務費は実質的に固定費である。

　次に，固定費（fixed cost）は営業量が変動しても，発生額が不変の原価要素
をいう。経費のうち，減価償却費，賃借料，保険料などは，一旦工場の規模が
決まってしまうと，短期的に営業量が変動しても，金額は固定的である。この
ように，変動費・固定費といっても，あくまでも短期の条件下における原価の
変動性を指している。長期に考えると，すべての原価は可変である。

　図2.2に示した**準変動費**（semi-variable cost）は，固定的部分と変動的部分か
ら成り立っている。たとえば，水道料，電力料，ガス代のように，基本料金と

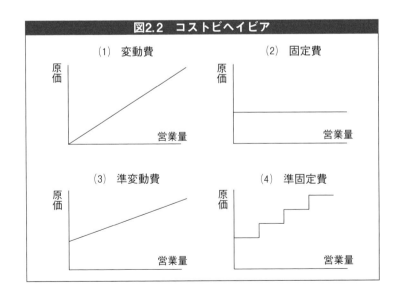

図2.2　コストビヘイビア

(1) 変動費　　原価／営業量

(2) 固定費　　原価／営業量

(3) 準変動費　　原価／営業量

(4) 準固定費　　原価／営業量

使用量による部分の両方がある場合がこれである。しかし，固定費の例であげた原価要素は別として，製造間接費の大部分はこの準変動費の原価要素であるといってよい。このような原価要素を変動的部分と固定的部分に分解する方法については，本章の§3を参照されたい。

　図2.2をみると，準固定費（semi-fixed cost）は階段状に経過している。つまり，準固定費は一定の営業量までは固定的であるが，その後飛躍的に一定額増加し，再び固定的な経過をたどっている。例としてよくあげられるのは，監督者給料である。営業量の増加に伴って，直接工が増員になったとしても，1人で監督できる人数，たとえば12～3人の枠（**管理の幅**という）を超えないかぎり，監督者を増やす必要はない。この範囲内では，監督者給料は固定的である。しかし，管理の幅を超えて直接工が増えると，その瞬間から監督者を1名増員することになり，監督者給料は飛躍的に増える。しかし，監督者の次の増員までは再び固定的な経過をたどる。

6■　原価を発生源泉で分類する：キャパシティコスト

　原価要素は，その発生源泉に応じて，キャパシティコスト（capacity cost）とアクティビティコスト（activity cost）に分類できる。この2つはそれを構成する原価要素という点では，それぞれ固定費と変動費と同じと解してよい。しかしながら，固定費・変動費は，コストビヘイビアによる分類であるのに対して，キャパシティコスト・アクティビティコストは，原価の発生源泉を強調する。キャパシティコストの概念が生まれた背景には，固定費をその発生源泉に遡って管理しようという思考がある。

　企業が生産，販売，購買，財務や研究開発などの活動を続けていくには，物的設備や人材を中心に一定のキャパシティを準備しておかなければならない。このキャパシティの保有に発生源泉をもつ原価がキャパシティコストと呼ばれる。

　キャパシティコストは，コミッティッド・キャパシティコスト（committed capacity cost）とマネジド・キャパシティコスト（managed capacity cost）に

区別される。前者は，キャパシティの保有に関する長期的な意思決定によって発生額が決まる原価であり，短期的には既定の原価である。減価償却費，固定資産税，設備の賃借料などが代表的な例である。この種の原価については，その発生管理を短期的に行うことはできない。発生を管理するには，長期的な意思決定の合理性が求められる。しかし，コミッティッド・キャパシティコストについても，短期的管理を考える必要がある。短期的には，キャパシティの利用管理つまり利用度を高めてコストの回収を図っていくことに重点がおかれる。これがキャパシティの利用管理である。

　これに対して，マネジド・キャパシティコストは，経営管理者の短期的な意思決定によって決められる固定費である。研究開発費，広告宣伝費，教育訓練費，品質管理の費用などをいう。この原価については，短期的にその発生を管理できる。しかし，マネジド・キャパシティコストは，以下の3つの特徴をもつため，短期的に可変の原価であっても，やはり長期的な発生管理が求められる。

①　マネジド・キャパシティコストは，その発生額すなわちインプットとその効果つまりアウトプットの関係が不明確であるため，経営管理者の判断によってその額が決定される。これを，広告宣伝費について説明する。広告宣伝費をインプットすると，売上増につながることはたしかであるが，インプットに対してアウトプットの売上増がどれだけ得られるかは不明確である。したがって，売上増を期待して広告宣伝費をどれだけインプットするかは，経営管理者の判断によることになる。

②　インプットしてから，その効果が現れるまでにタイムラグが存在する。広告宣伝にしても，また研究開発や教育訓練にしても，継続的にインプットしないと，販売キャパシティや人材につながらない。数回の広告だけでは，企業や製品に対するイメージを植え付けることができない。

③　しかし，キャパシティが一旦構築されると，その効果は持続する。かといってインプットを続けないと，キャパシティは消滅してしまう。これも，広告宣伝，研究開発や教育訓練などを想像すれば明らかであろう。

　マネジド・キャパシティコストの発生管理については以上のとおりであるが，この原価に対しても利用管理が行われることはいうまでもない。

　固定費を発生管理および利用管理の目的からキャパシティコストと捉える場合，変動費に相当する原価要素は，アクティビティコストに分類される。キャパシティを利用して活動を行うことで発生する原価と定義される。

§2　制度上の原価概念

1■ 実際原価と標準原価を区別する

　次に，複式簿記の機構と有機的に結合して継続的に実施される原価計算**制度上の原価概念**を説明する。

　最初に知っておく必要があるのは，実際原価・標準原価の区別である。制度上の原価は次式に示したように，原価要素の消費量にその消費価格を掛けた積を，使用したさまざまな原価要素について合計することによって計算される。

$$\sum 原価要素の消費価格 \times 原価要素の消費量$$

　取得原価主義が今日一般に認められた会計慣行である。したがって，財務会計のための原価概念は**実際原価**（actual cost）である。実際原価はこれを狭く解釈すると，原価要素の実際消費量にその実際消費価格を掛けた積であることが要求される。しかし，主として原価計算の迅速化の観点から，消費量さえ実際であれば，価格は予定であっても，実際原価と考えられている。実際価格の確定は月末以降になるため，月の途中で完成した製品の実際原価が次月にならないと分からないというのでは不便であるからである。

　標準原価（standard cost）は，実際原価に対立する概念である。標準原価は原価管理（第5章参照）に最も適している。作業能率の基準となる製品単位当たり原価標準は，各原価要素の消費量標準にその標準消費価格を掛けることによって求められる。このようにして計算された原価標準に実際生産量を掛ける

ことによって，原価の実際発生額と比較すべき規範値として標準原価が計算される。

　消費量標準は，一般的な現実的標準原価では，普通程度に努力すれば達成可能な作業能率水準に設定される。しかし，作業能率の基準としての性質上，予定原価よりは厳しい水準に決定される。

　予定原価は，将来実際に発生すると期待される原価を予定して設定される。したがって，原価要素の消費価格はもちろん，消費量にも予定が適用される。第9章で説明する予算管理に役立つのは，この予定原価である。

2■ 製品原価と期間原価を区別する

　原価は，製品原価（product cost）と期間原価（period cost）に区別される。**製品原価**とは，一定単位の生産物（個数，1ロット，重量など）に集計される原価である。

　これに対して，**期間原価**は，生産物に集計しないで，一定の期間（会計期間）について集計される。一定期間において発生する原価は製品原価と期間原価に分けられるが，両者の区別は実は相対的である。一方の大きさが定まれば，他の大きさが決まるという関係にあるからである。しかしながら，製造費用のみを製品原価に集計し，販売費及び一般管理費は，これを期間原価として処理するのが現在の財務会計の一般的な実務である。管理会計目的では，具体的な目的に応じて製品原価に算入される原価の範囲は異なる。

3■ 全部原価と部分原価を区別する

　制度上の原価概念として第3に知っておかなければならないのは，**全部原価**（full cost）と部分原価の区別である。少なくとも，製造費用の全部を含めて製品原価を計算すると，全部原価と呼ばれる。財務会計で一般に認められているのはこの原価概念である。しかも，すでに述べたように，販売費及び一般管理費を製品原価に算入しないのが一般的な実務であるから，実際製造全部原価が財務会計上の原価概念といえる。

　これに対して，**部分原価**は，販売費及び一般管理費の全部または一部を製品原価の計算にあたって除外するだけではなく，製造費用の一部をもこの計算から除き，残りの費用だけで計算した製品原価である。その代表的なのは，**直接原価計算**（direct costing）でいう**直接原価**であって，これは変動費をもって製品原価とする概念である。

　この場合，製造固定費も期間原価扱いとなる。直接原価は，現在のところ財務会計目的には認められていないが，利益管理における利益計画に最も適した原価概念である。利益計画目的には，CVP 関係の分析が重要であるが，生産量や販売量とともに変動する原価を製品原価として区分・集計することによって，生産量・販売量の変動の利益作用を分析できる。つまり，**図2.3**から分かるように，売上高から控除される売上品の製品原価つまり売上原価は，直接原価計算による場合，売上高に対して比例的な変動費であるから，売上高と変動費の差額の利益（**限界利益**と呼ばれる）は売上高に対して比例的となるからである。

図2.3　直接原価計算による損益計算
売　　　上　　　高
売 上 原 価 （変動費）
限　界　利　益
固　　定　　費
営　業　利　益

§3　原価分解の方法

1■　実査法（勘定科目精査法）を使う

　§1において，変動費，固定費，準変動費と準固定費の概念を説明した。これらの概念は，管理会計のさまざまな管理システムにおいて意思決定と業績管理どちらのアプローチでも利用される。しかし，この概念の適用に際しては，変動費・固定費の分解方法が必要とされる。特に，準変動費と準固定費を変動的部分と固定的部分に分解することが求められる。

　変動費・固定費の分解を以下では**原価分解**と呼ぶ。原価分解は，材料費・労務費・経費の項目（費目）ごとに行われるが，まずは**実査法**が適用される。この方法は**勘定科目精査法**とも呼ばれるが，勘定科目を精査し，費目の性質や過去の原価データを勘案して，明らかに変動費や固定費となる費目を抽出する方法である。たとえば，素材費や買入部品費などの直接材料費は生産量や販売量に対して明らかに変動費である。直接労務費は，生産量や販売量に対して，出来高給の場合，変動費であるが，日給月給制の固定給の場合，残業手当の部分を除いて固定費である。

　間接費については，減価償却費や火災保険料などは明らかに固定費であるが，他の費目は抽出が難しい。準変動費や準固定費の費目が多いためである。ただし，動力費などの費目は製造部門の操業度に対してほぼ変動費とみなしても問題はないことが多い。

　以上のように抽出された費目については，実査法では，原価管理や予算の担当スタッフが過去の原価データなどに基づいて金額を見積もることになる。

　なお，実査法には，別の解釈がある。過去の原価データを勘案した上で，原価管理や予算管理のスタッフが複数の営業量に対して，原価，特に製造間接費の変動的部分と固定的部分を見積もり，これを表に集計する方法という理解である。

2■ 統計的方法を使う

　実査法によって変動費または固定費として抽出できなかった費目は，準変動費または準固定費として処理される。これらについては過去の原価データを利用して**統計的方法**によって，原価分解が行われる。これは**統計的原価分解**とも呼ばれる。この方法にはスキャッターグラフ法，最小自乗法と高低点法の３つがある。

⑴　スキャッターグラフ法

　スキャッターグラフ法とはグラフの横軸に生産量，販売量，直接作業時間や売上高などの営業量，縦軸に原価をとり，過去の原価データをまずグラフ上にプロットし，異常なデータを取り除いてから目分量で傾向線を当てはめる方法である。この傾向線が原価線として使われるが，この傾きが**変動費率**（営業量当たり変動費），原価線と縦軸との交点が固定費を示している。例題を使って説明する。

[問題１]

　A製造部門における過去１年間の間接労務費と直接作業時間のデータは**表2.1**のとおりであった。スキャッターグラフ法により，間接労務費の原価分解を行いなさい。

表2.1　原価データ

月	直接作業時間	間接労務費
1	37千時間	180百万円
2	30	150
3	50	250
4	40	195
5	53	260
6	31	160

7	67	290
8	42	210
9	56	250
10	63	305
11	75	345
12	74	325

[解答]

　間接労務費のデータをグラフ上にプロットすると，**図2.4**のようになる（**スキャッターグラフ**または**散布図**と呼ばれる）。この図を観察すると，原価データが目分量で引いた原価線の周りに分布していることが分かる。このことから原価データに異常な数値が含まれていないと考えてもよい。異常なデータ，たとえば異常な原因により能率が悪化したようなケースは，傾向線から離れた点にプロットされる。

　図2.4からは読み取りが難しいが，目盛が細かいグラフ用紙にプロットすると，変動費率がほぼ４百万円／千時間つまり４千円／時間，固定費がほぼ35百万円と推定される。しかし，厳密な推定には次に説明する最小自乗法の利用が待たれる。

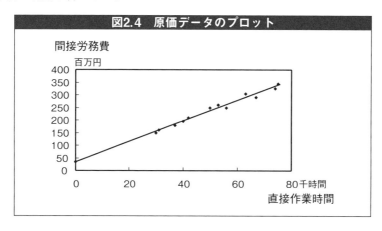

図2.4　原価データのプロット

(2)　最小自乗法

最小自乗法は，スキャッターグラフ法と同様，過去の原価データから原価の経過を推定する方法である。

最も当てはまりがよくなるように統計学的に原価線を推定するのが最小自乗法である。原価の実際値と推定値との誤差の和を最小化するということであるが，単に実際値と推定値との差つまり相対誤差をとったのでは，プラスの差とマイナスの差が相殺されてしまうため，相対誤差の2乗つまり絶対誤差の和が最小となるよう原価線を推定する。

なお，最小自乗法を使う場合には，過去の原価データをスキャッターグラフにプロットして，異常なデータをあらかじめ除去しておかなければならない。

営業量を x，変動費率を a，固定費を b として，原価 y を $ax + b$ で推定する。i 番目のデータについて，原価の実際値は y_i，推定値は $ax_i + b$ であるから，絶対誤差は $(y_i - ax_i - b)^2$ である。

したがって，

$$\sum_i (y_i - ax_i - b)^2 \to min!$$

これから a と b は次のように推定される。ここにおいて，n はデータの数である。最小自乗法は a や b の推定値に対する統計的分析を伴うと，回帰分析と呼ばれる。

$$a = \frac{n\sum x_i y_i - \sum x_i \sum y_i}{n\sum x_i^2 - (\sum x_i)^2}$$

$$b = \frac{\sum x_i^2 \sum y_i - \sum x_i \sum x_i y_i}{n\sum x_i^2 - (\sum x_i)^2}$$

［問題2］

　［問題1］のデータを使って，最小自乗法により間接労務費の原価分解を行いなさい。

［解答］

　最小自乗法を**表2.1**の原価データに適用すると，**表2.2**のとおりとなる。変動費率は4.045百万円／千時間つまり4,045円／時間，固定費は34.992百万円と推定できる。

表2.2　最小自乗法による原価分解

i	x_i	y_i	x_i^2	$x_i y_i$
1	37	180	1,369	6,660
2	30	150	900	4,500
3	50	250	2,500	12,500
4	40	195	1,600	7,800
5	53	260	2,809	13,780
6	31	160	961	4,960
7	67	290	4,489	19,430
8	42	210	1,764	8,820
9	56	250	3,136	14,000
10	63	305	3,969	19,215
11	75	345	5,625	25,875
12	74	325	5,476	24,050
Σ	618	2,920	34,598	161,590

$$a = \frac{12 \times 161,590 - 618 \times 2,920}{12 \times 34,598 - 618^2} = 4.045$$

$$b = \frac{34,598 \times 2,920 - 618 \times 161,590}{12 \times 34,598 - 618^2} = 34.992$$

⑶　高低点法

　過去の原価データを利用する最後の方法は高低点法である。その名のとおり，過去の原価データから代表的なデータを2つ，1つは低営業量の原価データと他は高営業量の原価データを選択して，原価分解を行う方法である。

[問題3]

　[問題1]の原価データから，4月と11月のデータを使って，高低点法により間接労務費の原価分解を行いなさい。

[解答]

　図2.5を参照すると，2つの点の間で直接作業時間に35千時間の差がある。一方，間接労務費の差は150百万円であるから，千時間当たり4.286百万円増加していることが分かる。これが千時間当たりの変動費率である。これを75千時間に掛けると，75千直接作業時間における変動費は321.45百万円となる。この金額を75千直接作業時間における間接労務費から差し引くと，固定費は23.55百万円と計算できる。

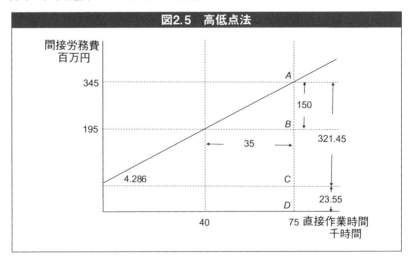

図2.5　高低点法

　高低点法における変動費率と固定費の計算は，スキャッターグラフ法や最小自乗法の結果と大きく異なっている。これは，12カ月の原価データがあるにもかかわらず，［問題3］では2つしか使わなかったことによる。異常なデータは除外すべきであるが，使えるデータを排除する正当な理由はない。高低点法は2つ位のデータしか利用できないようなケースでのみ利用すべきである。

§4　計画の種類

1■ 期間計画と個別計画を区別する

　管理会計の基礎概念の最後として，計画の種類を述べておこう。

　前章の**図1.2**に示した基本のPDCAサイクルをみると，長期経営計画や利益計画といった計画が示されている。これ以外にも，個別案件に関する計画，たとえば設備投資計画や作業方法改善計画などがある。これらの計画は性質が異なるため，適切な基準に従って分類する必要がある。

　計画はまず期間計画（period planning）と個別計画（project planning）に区別される（**表2.3**参照）。**期間計画**とは，一定期間における総合計画をいう。期間計画は，目標を設定した上で，この目標を達成できるよう，一定期間におけるさまざまな企業活動を総合的に調整して設定され，この期間における企業活動の指針とされる。長期経営計画や利益計画が期間計画に属する。それぞれ3

表2.3　計画の分類

	期間計画	個別計画	構造計画	業務計画	長期計画	短期計画
長期経営計画	○		基本計画		○	
個別構造計画		○	○		○	
利　益　計　画	○			○		○
個別業務計画		○		○		○

年，1年における企業全体の総合計画であり，長期経営計画は資源配分や利益計画の指針とされる。利益計画も予算編成における資源配分つまり予算編成の指針となる。

　これに対して，**個別計画**は個別案件（プロジェクト）に関する計画であり，新規事業計画，新製品計画，設備投資計画，作業方法改善計画，設備活用計画などがある。

2■ 構造計画と業務計画を区別する

　計画の分類基準として第2に知っておかなければならないのは，**構造計画**と**業務計画**との区分である。この分類は，特に個別計画について行われる。**個別構造計画**は，企業の生産構造，販売構造，財務構造などの基本的構造を規定するような計画である。

　これに対して，**個別業務計画**は，個別案件に関する計画ということでは同じく個別計画に分類される。しかし，作業方法や設備の有効利用などの日常業務に関する計画であり，個別構造計画とはその性質が異なる。

　なお，構造計画と業務計画の区分は特に個別計画に適用されるといったが，期間計画に使うことも可能である。利益計画は企業の生産・販売・購買などにおける業務活動に関する総合計画であることから，業務計画の性質をもつといってもよい。他方，長期経営計画は企業の構造を大きく左右することは，たしかである。しかし，**表2.3**に示したように，長期経営計画は構造計画というよりは，**基本計画**と呼ばれることが多い。特に，行政ではそうである。

　表2.3に示した第3の分類基準は計画における考察期間（タイムホライズン）である。この期間が会計期間の1年を超えると**長期計画**，それ以下だと**短期計画**とされる。長期経営計画は長期計画である。計画の策定プロセスにおいて，長期目標達成や戦略課題解決のためにさまざまな計画の効果が3年間にわたって考慮される。また，設備投資計画などの個別構造計画も長期計画である。設備の経済命数（設備が経済的に利用可能な期間）について設備投資の経済的効果が評価される。これに対して，利益計画や個別業務計画は，計画の対象が業

務活動であり，考察期間が短期であることから，短期計画である。

第2章　練習問題

設問1　a〜dの空欄を適切な用語で補いなさい。

(1)　原価要素は製品との関連から直接費と（　a　）に分類される。

(2)　原価要素は部門への帰属可能性から部門個別費と（　b　）に分類される。

(3)　原価要素は発生源泉に応じて（　c　）とアクティビティコストに分類される。前者は，コミッティッド・（　c　）と（　d　）に分類される。

設問2　最近2カ月の修繕料に関するデータは以下のとおりであった。高低点法により，変動比率と固定費を推定しなさい。

	修　繕　料	直接作業時間
X1月	2,120千円	1,000時間
X2月	2,520	1,200

第3章

意思決定アプローチの方法

本章では，管理会計の２つのアプローチのうち，意思決定アプローチの
方法を述べる。本章における学習の目標は，次の２点を理解することで
ある。
(1) マネジメントコントロールのプロセスにおける意思決定に対する管
理会計の役割は何か。
(2) 代替案の経済的効果を評価するために使われる方法や原価概念には
どのようなものがあるのか。

§1 マネジメントコントロールにおける意思決定

1■ 意思決定アプローチと業績管理アプローチを区別する

意思決定アプローチと業績管理アプローチは管理システムの違いを指してい
るわけではない。意思決定アプローチの概念は，第１章で述べたように，マネ
ジメントコントロールプロセスにおける意思決定に対する管理会計の役割を考
察するとともに，管理会計システムの設計・運用に意志決定の視点から焦点を
当てるアプローチである。

すでに述べたように，マネジメントコントロールのプロセスにおいてさまざ

まな意思決定が行われる。設備投資の決定，セールズミックス（売上品の構成）の決定，販売価格の決定，部品の自製・購入の決定もあれば，差異の原因調査や差異の是正アクションの決定もすべて意思決定である。しかも，これらの意思決定には，そのプロセスや適用される原価概念に関して，本章で述べるような共通の要素がある。これが管理会計に対する１つのアプローチとして意思決定アプローチを取り上げる理由である。

　意思決定アプローチの切り口は経営管理者が組織目標達成のために行う意思決定である。もっとも，業績管理の情報が経営管理者の意思決定に当然影響を与える。経営管理者は，自部門や自身の業績が向上するよう意思決定を行うと考えられるからである。したがって，経営管理者は，特定の意思決定が組織目標の実現に貢献することが分かっていても，この決定が自部門や自身の業績の悪化をもたらすならば，その決定を下さないかもしれない。逆に，組織目標に貢献しない意思決定が自部門や自身の業績を引き上げるならば，経営管理者はその決定をするかもしれない。これらの状況は，部門あるいは経営管理者にとって最適かもしれないが，組織全体にとって**全体最適**でないという意味で，**部分最適**（sub-optimization）と呼ばれる。しかしながら，業績管理が経営管理者の意思決定に及ぼす影響を考慮して，組織全体への統合がえられるよう管理会計システムを設計・運用することは，業績管理アプローチで取り上げる問題である。

2■ 意思決定のプロセスで管理会計情報はどのように役立つのか

(1) 問題の認識・分析に対する役割

　マネジメントコントロールのプロセスにおける意思決定に対する管理会計の役割を次に考察することにしよう。**意思決定のプロセス**は，一般に次のステップからなると考えられる。

① 問題の認識と分析

② 代替案の探索

③ 代替案の評価

④　代替案の選択

　以下，各ステップにおける管理会計情報の役割を述べる。意思決定の契機となるのは問題の認識である。たとえば，競合会社の新製品開発，顧客の嗜好変化，最新設備や部品の出現，為替相場の変動などの情報を入手すると，関連情報をさらに収集した上で問題の分析が詳細に行われる。たとえば，最新設備の例では，その設備の市場投入時期，仕様，価格などの情報が収集・分析され，その設備または類似設備への投資を検討するかどうかが決められる。

　上例の情報は市場情報，競合他社情報や技術情報である。しかし，管理会計情報が問題の認識と分析に役立たないのかというと，そうではない。第1に，全社業績が悪化したとすると，その要因が経営分析の方法で分析される。つまり，前期までの期間分析または競合会社との相互分析などにより，業績悪化の要因が分析される。

　第2に，**図1.2**に示したように，PDCA サイクルにおける予算差異分析の情報は，次期の予算編成，長期経営計画，さらには長期目的や経営戦略にフィードバックされる。これは予算差異分析の情報が問題の認識と分析に使われ，これが意思決定を喚起していると理解できる。また，この情報は，PDCA サイクルにおけるアクションにつながっていることは第1章で述べたとおりである。すなわち，予算差異分析の情報により問題が認識されると，予算差異の原因分析により問題がさらに分析され，必要な場合には対応策の検討が行われる。

　意思決定における問題の認識・分析に対する管理会計情報の役立ちとしては，第3に CVP 関係の分析をあげることができる。その詳細は，第8章で説明するが，**CVP 関係の分析**とは，原価（cost）・営業量（volume）・利益（profit）の関係を分析する手法の総称であり，CVP は頭文字をとっている。損益分岐分析がその代表例である。この方法では，販売量や売上高等の営業量の変動に伴う原価や利益の変化が分析される。この方法により，目標利益の達成に必要な売上高が明らかになったとする。しかし，この売上高が実現できないことが判明すると，これが問題の認識につながり，何らかの意思決定が求められる。

　第4に，管理会計において，製品や事業の収益性評価が行われる。第10章「事業部の業績管理」で取り上げる事業部の収益性評価や第11章「ABC/ABM」におけるABCがそれである。これらは，各章で述べるように，いずれも問題の認識と分析のための管理会計情報である。

(2)　代替案の探索に対する役割

　問題の認識と分析が完了し，当該問題に対処するとなると，認識された問題を解決する方向で代替案の探索が行われる。たとえば，1千万円の固定費削減が次期の目標利益達成に必要であることが分かると，このための代替案を探索することになる。しかし，このステップにおける管理会計情報の役割は相対的に低く，技術情報や現場のアイデアなどを収集して，代替案を探ることになる。

(3)　代替案の評価に対する役割

　代替案の探索の次のステップは代替案の評価である。会計は，売上高や原価，さらには利益といった財務的情報に関わっているため，意思決定のこのステップ，特に代替案の経済的効果の評価に最も貢献することができる。

(4)　代替案の選択に対する役割

　意思決定の最終ステップは代替案の選択である。経済的効果をはじめとした，計数的評価に質的な評価，たとえば競合他社への対抗を優先する等を加味して，経営管理者が最終的な判断を下す。

§2　差額分析の原価概念

1■　代替案がもたらす経済的効果を分析する：差額分析

　以上で意思決定のプロセスおよび各ステップにおける管理会計情報の役割を述べた。会計情報が意思決定プロセスに役立つのは，「問題の認識・分析」と「代

替案の経済的効果の評価」であることが理解できたと思われる。前者の詳細は
関連した章で取り上げる。以下では，代替案の経済的効果の評価に焦点を当てる。

　意思決定の結果，現状に変化が生じる。たとえば，工場を拡張すると，生産
能力が増す。そこで，代替案の経済的効果の評価では，代替案がもたらす変化
分，つまり生産能力の増大について，原価なり利益の経済的効果が評価される。
変化分の評価であるため，**差額分析**（増分分析ということもある）と呼ばれる。
ベースとなる代替案「現状のまま」に対して，評価の対象となる代替案を採用
するときのネットの経済的効果を分析する方法である。このような分析は経済
学上の限界分析に相当するといってもよい。

2■　差額分析の原価概念を適用する

(1)　関連原価・無関連原価と差額原価

　代替案の経済的効果を評価するのに使われる原価概念は総称して**関連原価**
（relevant cost）と呼ばれる。意思決定，したがって代替案の経済的効果の評価
に関連した原価という意味である。関連原価を構成しない原価要素は**無関連原
価**と呼ばれる。

　関連原価の具体的な原価概念としてまず知っておく必要があるのは，差額分
析上の原価概念つまり**差額原価**（differential cost）である。収益や利益につい
ては，それぞれ**差額収益，差額利益**と呼ばれる。これらは現状に対して代替案
を採用する場合に生じる原価，収益，利益の差額を指している。差額原価，差
額収益，差額利益は，それぞれ**増分原価**（incremental cost，減少の場合**減分
原価**ともいう），**増分収益，増分利益**と呼ばれることもある。

　差額原価と変動費は混同してはならない。また，固定費が差額原価を構成し
ないということでもない。要するに，意思決定の結果として生じる差額を構成
するかどうかで，差額原価の範囲が決まる。

[問題1]

　A社では，S製造部門において部品Xを月に5,000個自製しているが，購入への切替えを検討中である。自製に要する変動費は1個当たり直接材料費570円，直接労務費600円，その他220円である。S製造部門の固定費は部品購入に切り替えても変動がないが，購買部門の固定費は月に30,000円増加するという。部品の買入価格は1,700円／個であるとして，購入への切替えの可否を検討しなさい。

[解答]

切替えに伴うプラスの差額原価		
購入対価	1,700×5,000＝8,500,000	
購買部門費	30,000	8,530,000円
切替えに伴うマイナスの差額原価		
自製の直接材料費	570×5,000＝2,850,000	
自製の直接労務費	600×5,000＝3,000,000	
自製のその他変動費	220×5,000＝1,100,000	6,950,000
差引：差額原価		1,580,000円

　購入に切り替えると，原価が1,580,000円増加するため，現状どおりの自製が有利である。

[解説]

　この問題のキーは購入への切替えという代替案の差額効果つまり決定の影響を受ける部分を取り出して評価することである。部品購入への切替えによって，売上高，部品自製以外の変動費，製造部門固定費，販売費及び一般管理費が影響を受けないとされているので，これらを考慮する必要はない。特に，変動費が差額原価を必ずしも構成しないこと，逆に購買部門の固定費の増加が差額原価に算入されていることに注意を要する。

　部品を購入に切り替えると，S製造部門に生産余力が生まれるが，この例ではその利用は考えられていない。しかし，部品自製を購入に切り替え

るCOとで生まれる余力の生産能力を使って，別の製品を増産する目的でこの切替えを行うのが通常である（逆に，余剰の生産能力を使って，部品の購入を自製に切り替えるケースもある）。

[問題2]

[問題1]において，部品を購入に切り替えると，売価2,520円，1個当たり変動費1,800円の製品Yを2,500個増産できるとする。部品Xの自製を購入に切り替えるべきかどうかを検討しなさい。

[解答]

購入に切り替えると，差額利益は

製品Yの限界利益の増加 $(2,520-1,800) \times 2,500 = 1,800,000$円

部品X購入への切替えに関連した差額原価[*] $\underline{1,580,000}$

差引：差額利益 $\underline{220,000}$円

* ［問題1］参照

差額利益がプラスであるから，部品Xを購入に切り替えるとともに，製品Yを増産すべきである。

なお，この問題のように，「自製か購入かの決定」や「キャパシティの有効利用」といった計画は個別業務計画に属する（前章参照）。

---

(2) **埋没原価**

差額原価は関連原価であるのに対して，**埋没原価**（sunk cost）は無関連原価の1つである。埋没原価は最狭義には，すでに支出済みで，しかも回収不能な原価をいう（使わなくなった施設等の未回収原価）。しかし，通常はすでに支出済みの原価を埋没原価という。固定資産の減価償却費が埋没原価の代表例である。設備の取替投資を考えると，設備の減価償却費は，「現状のまま」設備を取り替えない場合，毎年その金額が費用として計上されていく。他方，設備

を取り替えると，未償却残高は設備の売却価額を控除して固定資産売却損に計上される。したがって，取替えかどうかに関係なく，減価償却費は毎年費用計上されていくか，それとも取替え・除却の期間に一括して損失に計上される。したがって，意思決定によって変化が生じないので，代替案の経済的効果の評価に無関連な原価となる。

[問題3]

　B社では，P機械を3年前に購入した。その残存耐用年数は5年で，減価償却費は定額法で年13百万円，残存価額は0円，現在の正味売却価値は0円である。新機械Qへの取替えを検討中である。その取得価額は75百万円，耐用年数は5年，残存価額は0円である。新機械に取り替えると，年間10,000時間作業時間を節減できる。直接工賃金は変動費で，時給800円として，新機械に取り替えるべきかどうかを検討しなさい。

[解答]

直接労務費節減額	$-800 \times 10,000 \times 5 = -40,000,000$円
新規投資額	75,000,000
差引：差額原価	35,000,000円

原価が35百万円上昇するので，機械を取り替えるべきではない。

[解説]

　この問題のキーは，旧機械Pの未償却残高を埋没原価として意思決定に関連づけないことだけである。以下の評価は間違いである。この評価では，原価が正味6百万円減少するとして，間違った意思決定を行うことにもなりかねない。

直接労務費節減額／年	$-800 \times 10,000 = -8,000,000$円
減価償却費の増加／年	75百万 ÷ 5 － 13百万 ＝ 2,000,000
差引：差額原価	$-6,000,000$円

⑶　機会原価

　原価というと，過去，現在あるいは将来の支出に結びついていると考えるのが普通かもしれない。たとえば，材料費は購入材料の消費高であるから，購入代金の支払いと関わっている。しかしながら，関連原価のなかでも重要な**機会原価**は異なる。この概念はむしろ将来における収入の減少と結びついている。

　機会原価の概念が使われるのは，意思決定にあたって資源の希少性あるいは代替案の相互排他性を考慮しないといけないからである。ここにおいて，資源の希少性とは，たとえば資金や生産能力などの利用可能性に制約があるという一般のケースをいう。それだけ，機会原価の概念は重要なのである。代替案の相互排他性とは，1つの代替案を採用すると，別の代替案を採用できなくなることをいう。同一の資源，たとえば土地の利用に関する複数の代替案があれば，これらは相互排他的である。

　資源が希少であったり，代替案が相互排他的であったりすると，特定の代替案に資源を使うと，別の代替案での利用可能性が減少するか，それともまったく奪われてしまう。このため，別の代替案での利益獲得の機会が失われてしまう。これは価値犠牲であり，これを代替案採用による差額の原価として認識しようとするのが機会原価である。定義すると，機会原価とは，資源の利用に関する意思決定において特定の代替案を選択すると，別の代替案の利用可能性が減少したり，または失われたりする結果，犠牲となる最大の利益（最大の価値犠牲）を原価として認識したものをいう。ここにおいて，最大の利益としたのは，利用可能性が減少または失われる代替案が複数ある場合，その最大の価値が犠牲になるからである。このように定義すると，機会原価が将来における収入の減少と結びついていることが理解できよう。

[問題4]

　U製品とV製品の製造・販売会社C社の限界利益および必要作業時間のデータは次のとおりである。

	U製品	V製品
売　　価	700円	900円
変　動　費	400	300
限界利益	300円	600円
必要作業時間	1時間／個	3時間／個

　現状は，両製品の製造で10,000時間／月の完全操業であるが，V製品10個の追加注文が入った。これを引き受けるべきかどうかを検討しなさい。

[解答]

限界利益の増加	600×10	6,000円
機会原価	300×30	9,000
差額利益		−3,000円

　利益が3,000円減少するので，V製品の追加注文を引き受けるべきではない。

[解説]

　V製品を10個増産するには，1個当たり3時間，計30時間の作業時間が必要である。完全操業状態にあるので，V製品を増産するには，U製品に使う予定の30時間をV製品に回さざるをえない。この結果，U製品30個の減産となる。そうすると，U製品の限界利益の減少分300×30＝9,000が価値犠牲となり，9,000円が機会原価として認識される。

第3章　練習問題

設問1　a～dの空欄を適切な用語で補いなさい。

⑴　代替案の経済的効果の評価には（　a　）分析が用いられる。（　a　）分析で使われる原価概念を総称して（　b　）原価というが，具体的な（　b　）原価の概念の1つが（　a　）原価である。これは，現状に対して代替案を採用する場合に生じる原価の（　a　）と定義される。代替案の経済的効果の評価に関係のない原価は無（　b　）原価と総称されるが，（　c　）原価がその例である。

⑵　資源の希少性や代替案の相互排他性を考えると，特定の代替案の選択により，他の代替案の利用可能性が減少または失われる。これは利益獲得機会の喪失，したがって価値犠牲を伴う。この価値犠牲は（　d　）原価として認識される。

設問2　当社は，今年度末完了を目指して，Gソフトウエアの開発に当初予定の80百万円の資金を投入してきた。この販売による利益増は，開発費を除いて100百万円と期待されていたが，予定が遅れ，市場投入までにはさらに60百万円の追加資金が必要と見込まれている。開発を続行するのが経済的に有利でしょうか。

第**4**章

業績管理アプローチの方法

学習のポイント

本章では，管理会計の2つのアプローチのうち，業績管理アプローチの
方法を述べる。本章における学習の目標は，次の4点を理解することで
ある。

(1) 部門の取りまとめ，つまり統合がなぜ必要なのか。PDCA による業
 績管理システム以外に，どのような統合の仕組みがあるのか。

(2) 業績管理システムが部門の統合にどのように使われるのか。

(3) 業績管理システム上，部門は責任センターと捉えられるが，その責
 任範囲に応じて，コストセンターとプロフィットセンターが区別され
 ること。

(4) 責任センターの業績測定に適用される管理可能性基準がどのように
 使われるのか。

§1　業績管理アプローチの意義

1■ 部門を統合する

(1) 業績管理アプローチとは

本章では，管理会計へのアプローチのうち，業績管理アプローチについて解

説する。§1では，業績管理アプローチの概要を繰り返し述べた後，①部門の統合が必要な理由，ならびに②業績管理システム以外の統合の仕組みを説明する。ここにおいて，業績管理システムは，管理会計システムを業績管理アプローチの視座からみた仕組みを指している。§2では，業績管理システムによる統合にふれる。続く§3と§4では，業績管理システムの2つの概念，すなわち責任センターと管理可能性をそれぞれ解説する。

　第1章で述べたように，マネジメントコントロールは戦略実施のためのPDCAサイクルを伴うが，このサイクルそのものが業績管理のシステムである。すなわち，**業績管理**とは，全社の業績目標が達成できるようまた部門業績が全社業績につながるよう部門業績を管理することをいう。

　たとえば，利益管理では，長期目的・経営戦略を指針として設定された長期経営計画を全社目標として，戦略実施に向けて利益計画を立て（P），これに基づいて部門予算を部門目標として設定する。各部門では，この予算を指針として業務を行う（D）。その後，定期的に，たとえば月次に各部門および全社の実績を測定し，予算との差異分析によって，全社目標・部門目標の達成度合いをチェックする（C）。そして，業績目標が達成できるよう，アクションをとる（A）。

　マネジメントコントロールはこの一連のPDCAサイクルにおける業績管理を通じて，戦略実施を意図している。このような理解を背景にして，業績管理アプローチでは，以下の定義で示した方法に基づいてマネジメントコントロールにアプローチする。**業績管理アプローチ**とは，「マネジメントコントロールプロセスにおける業績管理の役割を考察するとともに，管理会計システムの設計・運用に統合の視点から焦点を当てるアプローチである」。

⑵　部門間の指向の違いと相互依存性

　それでは，部門の取りまとめ，つまり統合がなぜ必要になるのであろうか。まず，組織が部門に分けられる理由から考えることにしよう。第1章で述べたように，組織がある程度の規模に達すると，組織内の仕事を分業し，組織をい

くつかの部門に分けて，それぞれの部門に特定の仕事を割り振る。これを**部門化**という。購買，生産，販売などの職能別に部門が設定されたり（職能別部門組織），繊維事業や化成品事業といった事業別に部門が組織されたりする（事業部制組織）。

部門化は，部門間における指向の違いや相互依存性をもたらす。ここにおいて**指向の相違**とは，部門化によって目標指向，時間指向などに相違が生じることをいう。たとえば，製造部門は生産性や品質に対する指向が強いのに対して，販売部門は生産性よりも売れ行きを重視するといったように，目標指向の違いがある。

時間指向でいうと，長期指向の研究開発部門に対して，製造部門は短期指向である。もちろん，それぞれの部門が特定の職能や事業に専門化する上で，このような違いがなければならない。全部門が同じ指向性というのでは，組織はうまく機能しない。研究開発部門にはやはり長期指向が必要である。

もちろん，いろいろな部門がバラバラでは組織が成り立たない。組織全体への取りまとめが要求されるが，これが**統合**の第1の意味である。

部門化に伴って統合が必要とされるのは指向に相違があるためだけではない。部門化は，**部門間の相互依存性**をもたらすため，部門の活動を相互に調整して，組織全体に取りまとめなければならない。

第1に，部門間には財やサービスの提供関係をめぐって相互依存関係が存在する。たとえば，職能別部門における購買，生産，販売の各部門は，購買部門で購入した材料が生産部門に供給されたり，生産部門で生産された製品が販売部門に供給されたりということで，相互依存的である。

第2に，組織におけるヒト・モノ・カネ・情報の資源は組織にとって希少資源であるため，特定の部門に資源を配分すると，他部門への配分に影響が出る。これも部門間の相互依存性であり，部門間の資源配分の調整つまり統合を必要としている。

統合の仕組みとしては，長期目的や経営戦略が考えられる。長期目的は部門が遵守すべき決定ルールとなるし，経営戦略はヒト・モノ・カネ・情報の経営

資源を何に配分するかを大枠で決めている。したがって，長期目的と経営戦略は，部門がバラバラに行動しないようベクトル合わせの仕組みとなっている。

2■　規則と組織階層により部門を統合する

それでは，部門を統合するために，組織や管理会計上どのような仕組みが使われるのであろうか。まず第1は，規則・手続である。日常繰り返し生じる状況を想定して，各部門の業務の分掌や内容が職務規程などに定められる。特に，官公庁に代表される官僚組織では，この規則・手続が詳細に規定され，各部門の日常業務はこれに従って行われる。もちろん，官僚組織以外でも，詳細度に違いがあるとしても，規則・手続は統合の仕組みとして機能する。つまり，各部門がその業務について従うべきルールが全社の観点から設定される。

組織を統合する第2の仕組みは**組織階層**である。官僚組織においても，起こるかもしれないすべての状況を想定して，きわめて詳細な規則・手続を用意することは不可能である。規則・手続では対応できない**例外事項**が必ず生じる。例外事項に対して，上司・部下の組織階層が統合の仕組みとなる。つまり，例外事項が生じると，部下は上司の決裁を仰ぐ。この上司も，規則・手続の範囲内でその例外事項に対応できなければ，さらにその上司の決裁を求める。

§2　業績管理システムによる統合

1■　業績管理により部門を統合する

しかしながら，例外事項が多くなると，規則・手続と組織階層だけでは統合が得られなくなる。例外事項が頻繁に生じるということは経営環境が変動していて，しかも先行きを予測するのが困難なためである。このような状況を経営環境の**不確実性**が高いという。経営環境の不確実性が高くなると，上司がすべての例外事項に対応できなくなる。上司の処理能力を超えてしまうからである。

　そこで，第3の統合システムとしてマネジメントコントロールのPDCAサイクルが導入される。このプロセスは，統合の視点でみると，全社目標達成のための業績管理プロセスと考えられる（**PDCAによる業績管理**）。以下では，決定権限が本社トップマネジメントに集中した組織構造として，**集権的組織**を想定する。まず，不確実性に対応するため，**図4.1**に示したように，本社トップマネジメントがあらかじめ計画(P)を設定し，この計画に基づいて部門目標を業績目標として設定する。部門目標は部門が遵守すべき行動指針となるため，部門の行動がバラバラになることはなく，統合が得られる。つまり，現実に生じる状況やこれに合致した行動の詳細は必ずしも予定できないとしても，計画と目標設定によって，調整のとれた部門業績目標をあらかじめ決めておけば，組織内がバラバラになる危険つまり**組織内不確実性**は低減する。

　これは，経費予算や広告宣伝費予算を考えただけでも明らかである。いつ，どのメディアで，どれだけの規模で広告宣伝活動を行うかをあらかじめ決定しておくことは，経営環境の不確実性を考えると適切ではない。しかし，支出の上限を定めておくと，部門がとりえる行動のバラツキは小さくなる。

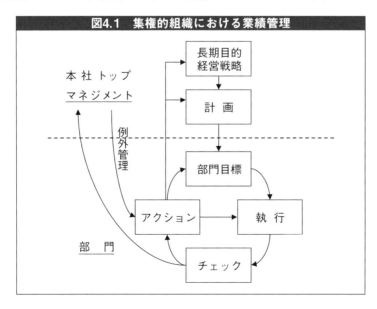

図4.1　集権的組織における業績管理

　部門の目標が定まると，各部門は，これを1つの指針として業務活動を行う（D）。他方，Cのチェックでは実績を目標と対比して，差異分析により部門業績を測定する。各部門は，この分析により目標の達成度を知り，必要な場合にはアクションをとりながら目標達成に向けて努力する。このように，業績管理システムは，部門目標の設定やこの達成を図るプロセスを通じて，全社目標の実現を目的とした統合システムである。

2■ 例外管理を適用する：上司・部下間の働きかけ

　もっとも，相互に調整された予算等の部門目標といっても，これを実現すれば全社目標が達成されるというほど経営環境は確実でもない。経営環境が不確実であれば，予測にどのような注意を払ったとしても，実際に生じる状況は，計画・目標設定にあたって想定した状況と異なることが次第に明らかになろう。この場合，予算等の部門目標の実現に固執することは，かえって全社目標の実現を阻害する。広告宣伝費予算を超過するからといって，競合他社の予期しなかったような広告キャンペーンに対抗しないというわけにはいかない。また，各部門がたとえ当初の目標を実現するよう努力するにしても，これには限界があり，目標と実績との差異が生じる場合もあろう。

　したがって，業績管理システムは，経営環境の不確実性の増大に伴って，このシステムだけでは，統合システムとして有効に機能しなくなる。問題は，組織がこのような状況にどのように対処して，部門の統合を図るかである。このためにまず利用可能な仕組みは，ふたたび組織階層である。重大な例外事項への対処は，組織階層を通じて上司が行うものと想定される。

　もう少し具体的に説明しよう。予算差異分析によって，上司が目標と実績との間にかなりの差異を確認すると，また上の広告宣伝費予算の例のように，予算目標の達成が全社目標の実現に寄与しないかもしれないことを部下からの報告によって上司が認識すると，**図4.1**に示したように，**例外管理**（management by exception）が働く。この原則では，大きな差異が生じないかぎり，上司は業務を部下に委ねるが，差異が大きくなるなどの例外が発生すると，そこでは

じめて上司が介入する。この例外管理によって，組織階層を使って統合が図られるのである。

　例外管理は，業績管理プロセスにおける上司・部下間の働きかけを考える際に重要である。第1章で述べたように，このプロセスでは，上司のリーダーシップを含めて，「人（組織成員）や部門への働きかけ」が業績管理のキーとなる。第1に，上司は例外事項を確認すると，部下に説明を求めたり，対応のアクションの検討を促したり，場合によってはアクションを指示したりして，業績目標の達成に向けて部下に働きかける。第2に，部下も，上例の広告宣伝費のような例外が生じると，上司にこれを対応策とともに報告することによって，上司に働きかける。

§3　責任センターの設定

1■ 部門の責任を測定する：責任センター

　以上，マネジメントコントロールにおける PDCA による業績管理が規則・手続や組織階層と結合して集権的組織における統合のシステムとなっていることを示した。組織構造については，上司・部下の組織階層以外に説明しなければならない点がまだ残されている。しかし，ここでひとまず組織構造と業績管理システムとの関係に触れることにしよう。

　この関係については，業績管理システムを組織や部門管理者の責任と結びつける概念が古くから**責任会計**（responsibility accounting）として知られてきた。業績管理アプローチは，責任会計の発展概念とみることができる。具体的には，業績管理アプローチにおいても，責任会計のキーの概念つまり責任センターと管理可能性が含まれる。

　まず，**責任センター**（responsibility center）とは，具体的には部門をいうが，各部門管理者には組織上権限が付与されるのとは逆に，その権限を行使してタスクを遂行する責任が課される。このことから，部門は責任センターと呼ばれ

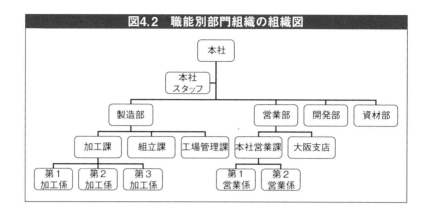

図4.2　職能別部門組織の組織図

る。もっとも，業績管理システムでは，部門の責任をまず財務的指標で測定する。たとえば，製造部門は所定の生産量を所定の品質と所定の期日に納品する責任を同時にもっているが，財務的には，製造部門の責任は原価で測定される。

　もちろん，これは品質や納期が製造部門の責任として重要でないという意味ではない。品質をチェックしておかないと，次工程の原価に悪影響が及ぶ。これが次工程における原価の差異分析から明らかになると，該当する差異の部分は前工程の責任となる。また，製造部門における品質上の問題は品質保証費の増加だけではなく，顧客満足の低下，ひいては顧客の減少につながる。これも，原因が判明すると，製造部門の責任となる。納期も同様で，納期遅れによる次工程への影響も，また顧客満足の低下や顧客の減少も，すべて問題を引き起こした製造部門の責任である。要するに，製造部門の例では，部門つまり責任センターの責任を財務的な原価に代表させているにすぎない。

2■ 責任センターを分類する：コストセンター

　責任センターはコストセンター（cost center）とプロフィットセンター（profit center）に大別される。この違いを説明するには組織構造に立ち帰らなければならない。統合のシステムとして，前述のように，規則・手続，組織階層とPDCAによる業績管理システムだけを使っている集権的組織では，部門化の

方式は職能別部門組織である。**図4.2**の例示に示したように，総務，経理，人事，情報システム，法務などのスタッフ部門は，それが担う職務つまり**スタッフ職能別**に本社に配置される（スタッフ部門の組織の詳細は省略）。

　また，利益の獲得に直結したライン職能も，職能別に製造部と営業部が配置されている。購買や製品開発の職能も部門別に組織されている。このように，すべての部門が職能別に部門化されているために，**図4.2**のような組織は職能別部門組織と呼ばれる。

　図4.2をさらに観察すると，製造部は材料に加工を加える加工課，加工した材料や買入部品を製品に組み立てる組立課と工場のスタッフ部門の工場管理課に組織され，加工課はさらに第1から第3までの加工係に分かれている（組立課および工場管理課の組織の詳細は省略）。一方，営業部は，本社営業課と大阪支店に組織されていて，前者の組織は第1営業係と第2営業係となっている（大阪支店の組織は省略）。

　職能別部門組織における各部門はコストセンターである。製造部門は，すでに述べたように，所定の期日に所定の生産量を所定の品質で納品する責任の他，財務的指標としては原価責任を負うことから，コストセンターとされる。

　他方，販売の諸部門は，販売費に対する責任の他，売上の責任，顧客に対する営業品質や納期の責任をもっている。しかしながら，財務的指標では，販売部門の責任は売上高と販売費である。しかも，販売部門の場合，責任のウエイトが売上高にあるため，レベニューセンター（revenue center）と呼ぶこともあるが，コストセンターとプロフィットセンターを対比することに重点をおくと，販売部門も広義にはコストセンターであると考えられる。

　スタッフ部門もコストセンターである。総務部も，経理部も，人事部も，所定のサービスを所定の品質で適時に提供する責任をもっている。しかも，これを原価上効率よく提供する責任がある。これは，**図4.2**に示した購買担当の資材部や製品開発担当の開発部についても同様である。

3■ 事業部制組織により統合する：プロフィットセンター

コストセンターに対して，プロフィットセンターの責任はどうなっているのであろうか。これを明らかにするためには，事業部制組織を説明しておかなければならない。

企業が多角化によりさまざまな市場に進出したり，市場環境が競争激化などにより変動が激しくなったりすると，トップマネジメントが経営環境にすべて対処することができなくなってしまう。日常業務に直結した業務的決定についてもすべて決定権限を留保するというのでは，日常業務上の計画や例外事項への対処に関わる負担が大きくなり，戦略的決定に多くの時間を掛けることができなくなってしまう。また，例外事項への対処についても，現場と決定が行われる階層との距離が長くなり，不確実性への対処が遅くなる。一言でいうと，統合が失われてしまうのである。

それでは，多角化や経営環境の不確実性に対応して，組織がどのような統合システムを用いるかというと，事業部制組織と水平関係の設定などが知られている。このうち，**事業部制組織**とは，業種別，事業別，製品別，地域別などの市場別に自己充足的な事業部に組織を部門化し，業務的決定の権限を事業部長に委譲する**分権的組織**をいう。ここにおいて，自己充足性とは，委ねられた市場環境に分権的に対処できるよう，その市場に関わる生産・販売のライン職能を包括的に事業部に帰属させることをいう。

このような権限委譲とは逆に，事業部は，市場責任，したがって利益責任をもつ。そこで，事業部は責任会計上**プロフィットセンター**と呼ばれる。自己充足的で，少なくとも生産と販売の職能をもつことから，原価と売上の双方，つまり利益に影響力をもつからである。このように考えると，事業部制の特徴は，①分権的組織，②自己充足性，③市場責任，④利益責任の４つである。

事業部制組織の構造をみてみよう。**図4.3**に示した例では，事業別に AV 機器事業部，PC 事業部と半導体事業部に組織されていて，各事業部の下には生産，販売，製品開発，購買の職能が配置されている（PC 事業部と半導体事業部の

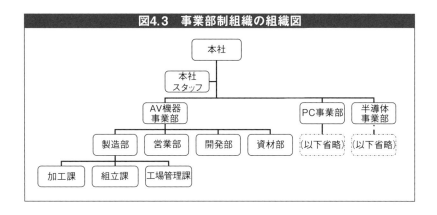

組織の詳細は省略)。各事業部はかなり自己充足的となっている。なお，事業部の下位組織は職能別部門であり，これらはコストセンターである。

　自己充足的な事業部に組織を部門化し，少なくとも利益計画の権限を事業部長に委譲することで，本社トップマネジメントは業務的決定から解放され，戦略的決定に専念できる。この意味では，事業部制組織の目的は，戦略的決定と業務的決定をそれぞれ本社トップマネジメントと事業部長が分担して，経営環境に対する対処能力を向上させることであるといえる。

4■　相互依存性を管理する：部門の壁を越えた働きかけ

　しかし，自己充足性を高めることにはデメリットが伴う。各事業部に共通の要素，たとえば共通の部品・材料等があるにもかかわらず，各事業部にその部品・材料の製造部門・購買部門等を設けて各事業部をできるだけ自己充足的に組織しようとすると，それだけ資源の重複が生じ，規模の経済性が阻害される。

　他方，規模の経済性を実現しようとすると，共通部品・材料の製造部門・購買部門等を各事業部の共通部門としたり，共通部品の製造部門等を特定事業部に帰属させ，他の事業部へは財・サービスの振替えという形をとったりということになる。後者の例では，**図4.3**における半導体事業部が，半導体を社外販売するとともに，AV機器事業部とPC事業部に社内販売している。

　このように，事業部は，市場責任，したがって利益責任があるといっても，その自己充足性には限りがあり，本社諸部門や他事業部と相互依存関係にあることを忘れてはならない。

　事業部の相互依存性に関して，わが国において，営業部が本社に配置されているケースが多くみられる。この形態では，販売職能を全社的に共有して，資源の重複を避ける組織になっている。つまり，事業部が直面している市場環境が異なっていても，販売職能については全社的に対処できるものと想定されている。

　しかし，事業部に残されるのが生産職能だけでは，職能別の製造事業部つまり職能別事業部制となってしまい，事業部制組織といっても形だけになってしまう。市場責任をもつプロフィットセンターと呼ぶには，生産職能に加えて，市場環境に対処しうる職能が事業部に配置されていなければならない。たとえば，購買や製品開発以外に，商品企画に関わるマーケティング職能の一部を事業部に配置することが考えられる。このような職能があってはじめて，事業部は売上，さらには利益に実質的に影響を及ぼすことができる。

5■　事業部長権限が拡大する：責任権限関係の弾力化

　事業部長がその権限に基づいて影響力をもつ範囲は，利益を超えて，使用資本（使用資産）に及ぶことがある。この場合，棚卸資産や売掛金といった流動資産はもちろん，事業部の土地，建物，機械・装置といった事業部固定資産にも事業部長の影響力が及ぶ。これは事業部長が事業部における投資決定に影響力をもつ場合であるから，このような事業部をインベストメントセンター（investment center）と呼ぶことがある。このとき，狭義のプロフィットセンターは，利益には影響力があっても，使用資本にほとんど影響力がないケースを指すことになる。

　もっとも，事業部制のような組織では，責任権限関係の弾力化がみられる。責任権限関係の弾力化とは，責任遂行に必要な事項について必ずしも最終的な決定権限をもっていない状況をいう。利益計画についても実はそうであるが，

ここでは投資決定について説明すれば十分であろう。インベストメントセンターと呼ぶほど，投資決定の権限が委譲されるといっても，自律的に投資決定を行える範囲には限りがある。本社トップマネジメントの決済を受けないで事業部長が単独で決定できる範囲が金額的に相当制約されているのが現実である。

他方，狭義のプロフィットセンターにおいても，事業部長が事業部への投資決定にほとんど影響力をもちえないというのでは，市場環境にタイムリーに対処できない。したがって，最終的には，本社トップマネジメントの決済を受けるとしても，事業部長は投資提案を状況に応じて行うことが求められている。このように，事業部制組織における責任権限関係は弾力的で，投資決定などについて，単独で決定できる範囲はかぎられていても，事業部長は，事業部への投資等について本社トップマネジメントに積極的に働きかける必要がある。

このように，インベストメントセンターかどうかは，使用資本に対する事業部長の影響力に関してかなり相対的である。そこで，事業部業績を利益業績だけで測定する場合を**狭義のプロフィットセンター**と定義する。これに対して，**インベストメントセンター**とは，利益業績と利益獲得に使った使用資本との合成指標，たとえば使用資本利益率（利益÷使用資本×100）で事業部業績を測定する場合をいう。使用資本利益率で業績を測定することによって，事業部長が，投資決定にさらに能動的に影響力を行使することを意図しているのがインベストメントセンターである。

§4　管理可能性基準の適用

1■　なぜ管理可能性基準が必要なのか

業績管理システムにおける次の問題は，責任センターの業績測定のルールである。このルールとしては，伝統的に**管理可能性**（controllability）基準が知られている。**管理可能性基準**とは，責任センターにとって管理可能な原価，収益，使用資本の要素だけをその責任センターに区分・集計すべきであるとする基準

をいう。ここにおいて，**管理可能性の要件**は，伝統的には責任センター管理者の最終的な決定権限の有無で理解される傾向があった。しかし，責任権限関係の弾力化に伴って，事業部長による投資決定の例で示したように，原価，収益，使用資本の要素に対する**影響可能性**が管理可能性の要件となっている。

　もっとも，責任権限関係の弾力化は職能別部門組織でもみられないわけではない。たとえば，第6章で述べるように，職能別部門組織においても，長期経営計画は，トップダウン・ミドルアップの折衷型で立てられることが多い。このとき，職能部門からのヒアリングや提案に関わった本社と職能部門とのすり合わせのプロセスのなかで，部門管理者は自部門に帰属可能な原価の要素に影響可能性，したがって管理可能性をもつものと考えられる。

　管理可能性を原価概念に適用すると，**管理可能費**（controllable cost）と**管理不能費**（uncontrollable cost）とが区別される。前者は責任センター管理者が管理可能な原価であるのに対して，後者は責任センター管理者が管理できない原価をいう。管理可能費・管理不能費は，原価の属性で決まっているわけではない。部下にとって管理不能な原価であっても，上司には管理可能というように相対的な概念である。実際，トップマネジメントにとっては組織のすべての原価が管理可能費である。

　それでは，責任センターの業績測定に管理可能性基準を適用する理由は何であろうか。一般的には，責任センター管理者にとって管理不能な要素が業績測定に混入すると，その管理者は業績数字に責任をもちえないし，またその数字が管理者の業績を適正に測定していないと考えられるからである。

　以下では，管理可能性基準がどのように適用されるのか，またこの基準がどのような状況で機能するのかを述べることにしよう。

2■ 管理可能性基準を同一組織階層に適用する

　管理可能性基準は，責任センター間における財やサービスの提供関係に適用されたり，組織階層の上下の関係に適用されたりする。前者は，製造部門への材料の引渡，中間生産物の次工程への振替や事業部間の財・サービスの振替な

どに際して適用される。この引渡や振替は同一組織階層間で行われるのが通常である。たとえば，**図4.2**の第１加工係から第２加工係への中間生産物の振替がこれである。そこで，同一組織階層における財・サービスの提供関係と呼ぶことにする。

同一組織階層における財・サービスの提供関係については，関連責任センターがコストセンターである場合を想定すると，財・サービスは，管理可能性基準に従って，予定価格，予定原価や標準原価で引き渡しまたは振り替えるのが適切である。

具体例として，第５章の標準原価計算による原価管理を取り上げる。標準原価による中間生産物の振替は管理可能性基準を満たしている。**表4.1**の例では，第１加工係の工程完成品の標準原価は１個当たり100円であり，当月1,200個完成し，第２加工係にすべて振り替えた。第２加工係への振替金額は標準原価の120,000円（100円×1,200）となる。一方，第１加工係の実際原価は122,400円であり，実際生産量1,200個に対して許容される標準原価1,200,000円と比較すると，第１加工係において2,400円の不利な原価差異が認識される。

この差異は一般には第１加工係の責任であり，第２加工係に転嫁されてはならない。標準原価計算によるかぎり，この心配はない。第２加工係への振替金額は標準の100円／個であるから，**表4.1**に示したとおり，第２加工係が自工程において標準原価を維持しているかぎり，この部門の原価差異はゼロである。

これに対して，**表4.1**の右側をみると，実際原価で振り替えると，第２加工係の実際原価も第１加工係の原価差異分2,400円だけ上昇してしまう。実際原価で振り替えると，第１工程の原価差異部分は第２加工係の責任でないにもかかわらず，この工程の原価が上昇する結果となっている。

この例をみるかぎり，同一組織階層における財・サービスの提供関係に管理可能性基準を適用することは，きわめて当然と考えられるかもしれない。しかしながら，例示の前に，「関連責任センターがコストセンターの場合」と限定条件をつけたように，同一組織階層における財・サービスの提供関係についても，責任センターがプロフィットセンターの場合，管理可能性基準の適用が除

		標準原価計算の場合 第1加工係 第2加工係		実際原価計算の場合 第1加工係 第2加工係	
原価標準	前工程費	－	100円／個		
	自工程費	100円／個	70円／個		
実際生産量		1,200個	1,200個	1,200個	1,200個
標準原価		120,000円	204,000円		
実際原価		122,400円	204,000円	122,400円	206,400円
原価差異		2,400円 (不利)	0円		

表4.1　工程間振替への管理可能性基準の適用

外されたり，この基準だけで業績測定を決めることができなかったりすること
もある。詳しくは，第10章「事業部の業績管理」と第14章「アメーバ経営」で
説明する。

3■ 管理可能性基準を組織階層の上下関係に適用する

　次に，組織階層の上下関係への管理可能性基準の適用を述べる。この基準に
よると，組織階層の下位部門に区分・集計された管理可能な原価・収益・利
益・使用資本の要素は，上位の部門の業績に積み上げられる。そして，上位部
門ではじめて管理可能な要素は，その部門で最初に区分・集計される。上位部
門でしか管理できない要素が下位の部門に配分（配賦）されることはない。

　コストセンターを想定すると，図4.4に示したように，最下層の第1加工係
から第3加工係までの原価報告書（実際には費目別に詳細に示される）は，加
工課の原価報告書に積み上げられている。各加工係では，報告書を参照し，必
要なら差異の原因を調査してアクションをとる。他方，上司の加工課長は，原
価報告書を課全体のアクションの検討に使うとともに，部下の部門に大きな差
異を確認すると，例外管理により，部下から事情を聴取したり，ときには部下
にアクションを指示したりする。このように，管理可能性基準に従って，各階

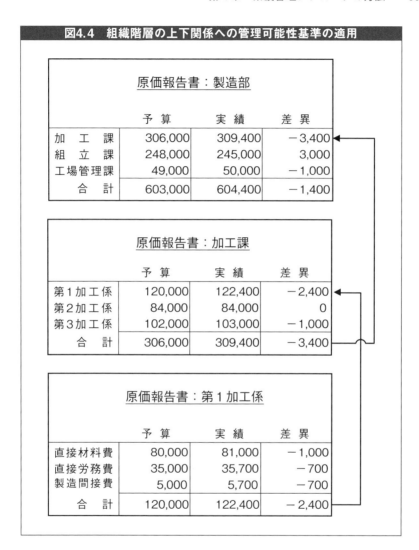

図4.4　組織階層の上下関係への管理可能性基準の適用

層の管理者にとって管理可能な要素を順次積み上げていくと，各階層の管理者は，自身で管理可能な要素に焦点を当てることができるし，また上司としても例外管理を有効に進めることができる。

　このかぎりでは，組織階層の上下関係についても，管理可能性基準の適用は

一見きわめて合理的と考えられる。各階層の管理者は，自身で管理可能な原価の要素に焦点を当ててコストをマネジメントできるからである。これは，関連責任センターがコストセンターの場合には妥当する。

　しかしながら，利益や使用資本にも影響可能性をもつプロフィットセンターの管理者にとって，原価と売上，さらには利益と使用資本とを総合的に考慮して，市場環境に対処しなければならない（利益責任の包括性）。このとき，考慮する原価の範囲を管理可能費に限定することが妥当とはかぎらない。この詳細は，第10章で説明する。

4■ 業績管理システムを経営環境に適応させる

　以上，部門の統合の視点から，責任センターの設定や管理可能性基準の適用を中心に，業績管理アプローチの方法の基礎を述べてきた。本章の最後に，業績管理システムの環境適応を考えてみよう。

　本章の§1と§2で述べたように，組織は，経営環境が不確実になるにつれて，統合のシステムを適応させている。事業部制組織について要点を繰り返し述べておくと，市場環境が競争激化などにより不確実になると，自己充足的な事業部に少なくとも利益計画の権限を委譲するとともに，市場責任と利益責任をもたせることで統合を図っている。

　もっとも，事業部制組織が分権的決定の特徴をもち，また事業部が利益責任をもつといっても，事業部長がこの責任に見合う資源を完全にコントロールできるわけではない。単独で投資決定を行える範囲に制約があるかぎり，利益責任を果たす上で，本社トップマネジメントに働きかけないと，機械・装置を事業部に設置できない。また，財・サービスの一部が本社や他の事業部から提供されるため，利益責任を果たす上で，これらの部門の管理者への働きかけが同じく必要である。事業部長は，このように，弾力的に対応することが求められているため，事業部制組織では，責任権限関係は弾力化している。

　これは経営組織の環境適応の問題に留まらない。分権的決定や責任権限関係の弾力化などの特徴をもつ事業部制組織において，集権的な職能別部門組織に

おける業績管理システムをそのまま適用したのでは，組織と業績管理システムが矛盾するため，有効に統合を図ることができない。この危険を回避するには，組織と同様，業績管理システムの環境適応が必要である。

　上述のように，管理可能性の要件を「最終的な決定権限の有無」ではなく，「影響可能性」と規定したのも，実は業績管理システムの環境適応である。最終的な決定権限をもつ収益・原価の要素だけを事業部に区分・集計するものとして，事業部に帰属可能な個別固定費のなかのコミッティッド・キャパシティコスト，すなわち事業部固定資産の減価償却費を業績測定の範囲から除外したとする。このとき，事業部長は，区分・集計される要素だけに注目する結果，必要にもかかわらず，本社トップマネジメントに対して設備投資への働きかけをしない可能性がある。これは，組織が弾力化しているのに，業績管理システムが固定的では矛盾が生じているためである。業績管理システムを環境適応させなければならない。

　もう一例あげることにしよう。事業部制組織では，市場環境への対処上，利益責任をもつが，収益と原価の責任が別個に問われることはない（利益責任の包括性）。それにもかかわらず，利益の内訳の売上高と原価それぞれの評価点を決めて細かく業績を測定するというのでは，やはり矛盾が生じる。がんじがらめに業績が測定されたのでは，事業部長は弾力的に市場環境に対処することができない。この場合にも，業績管理システムの環境適応が望まれる。

第4章　練習問題

設問　a～eの空欄を適切な用語で補いなさい。
　(1)　業績管理システムにおいて，部門は（　a　）と把握され，その責任は財務的指標で測定される。職能別部門組織における（　a　）は（　b　）の特徴をもつ。これに対して，事業部制組織では，事業部は（　c　）である。
　(2)　（　a　）の業績測定上，（　b　）において（　d　）性基準が適用され，（　a　）の管理者にとって（　d　）な原価と収益の要素だけがその（　a　）に区分・集計される。（　d　）性の要件は（　e　）である。

基本の PDCA サイクル

第 **5** 章

原価管理

本章では，業績管理アプローチを主軸として，原価管理について述べる。
本章における学習の目標は，次の4点を理解することである。

(1) 原価管理は能率増進による原価引下げを目的としていること。

(2) 原価管理の PDCA サイクルや，その効果的実施の前提はどうなっ
ているのか。

(3) 製造直接費と製造間接費について，原価管理がどのようなプロセス
で実施されるのか。

(4) 原価管理に対する現代的な役割期待はどうなのか。

§1 原価管理の意義

第Ⅱ部では，マネジメントコントロールのなかでも，管理会計が伝統的に対
象としてきた基本の PDCA サイクル（第1章の**図1.2**参照）における管理シス
テムを取り上げる。この点では，長期経営計画から解説をはじめるのが妥当で
ある。しかし，近代的な管理会計の生成が原価管理にまで遡ることができるこ
とから，業績管理アプローチを主軸にして，原価管理から説明を開始する。

まず，原価管理を定義しておこう。**原価管理**とは，標準原価計算を使って，
能率増進により原価を引下げようとする管理活動をいう。ここにおいて，**能率**
とは，プロセスへのインプットに対するプロセスのアウトプットの割合をいう。

つまり，できるだけ少ないインプットで最大のアウトプットを生み出すことができれば，能率が高いといわれる。能率が増進すると，対アウトプットでインプット，したがってまた原価が下がる。これを狙った管理活動が原価管理である。

　たとえば，製品の製造に1個当たり3個の部品が必要とされていたとすると，アウトプット100個の製造では部品の消費量つまりインプットは300個となるはずである。ところが，実際の消費量が305個となった場合，部品5個分の不能率が生じたことになる。このような不能率を排除して，原価引下げを図るのが原価管理である。

　もちろん原価に作用する要因つまり**原価作用因（コストドライバー）**には，能率以外にさまざまな要因がある。列挙すると，以下のとおりである。これらのコストドライバーを対象とした原価引下げは，原価管理を含めて**コストマネジメント**と総称される。原価管理は，コストマネジメントの1領域といえる。

- ① **原価要素の価格**……原価は原価要素の消費量とその価格との積であるので，材料の価格や賃率は原価に影響する。
- ② **操業度**……操業度管理は第8章の利益計画と第9章の予算管理の対象となる。
- ③ **設備**……原価低減を目的として設備を取り替えることが多い。これは設備投資計画の問題であり，第7章で取り上げる。
- ④ **工程設計・生産技術**……工程設計や生産技術は原価に大きく影響する。エンジニアリングや経営工学が管理の対象としている。
- ⑤ **製品設計**……第13章「原価企画」で述べるように，製品開発の段階で製品設計が決まると，原価が相当確定してしまう。

　原価管理は，能率の増進による原価引下げ活動であるが，その対象は主に製造直接費である。製造直接費は，原価の発生が製品の製造に関連して直接把握できる原価であり，上の部品の例で示したように，アウトプットの製品製造とのインプット関係が明確であるためである。ただし，営業費（販売費及び一般管理費）のなかでも，たとえば包装費や物流費などの直接費については原価管

理の方法を適用しようとする試みもある。

§2　原価管理の PDCA サイクルと前提

1■ 原価管理のプロセス：その PDCA サイクルを理解する

　まず，原価管理のプロセスを説明する。第1ステップは P の業績目標つまり原価標準の設定である。原価標準は，通常，1個，1Kg，1ロットといった製品単位当たりに設定される。物量でいうと，上例における製品1個あたりの部品消費量3個がこれである。原価管理を担うのは，コストセンターつまり製造部門であるから，これらの製造部門別に原価標準が設定される。

　原価標準の設定が終わると，この標準が製造部門に伝達される（**原価標準の伝達**）。各製造部門では，D のステップにおいて，製造への着手を指示する書類つまり**製造指図書**が届くと，必要な材料を手配し，必要な人員を配置して生産を開始する。

　C のステップでは，次項で述べるアウトプット法を想定すると，アウトプットの実際生産量と実際原価が日次，週次または月次に集計される（**実際原価の測定**）。集計が終わると，実際生産量に対して許容される標準原価と実際原価との差額として原価差異が把握され，その差異が分析される（**原価差異の分析・報告**）。原価管理の事務局では，**図4.4**に示したような原価報告書をさまざまな階層の管理者に提供するとともに，差異の原因分析にあたる（**差異原因の分析・報告**）。この報告頻度は，通常，現場に近いほど日次や週次となる。現場では，差異原因の発生にできるだけ近い時点で差異を把握することが，的確かつ迅速な是正のアクションにつながるからである。なお，実際原価が標準原価を下回る場合，**有利差異**，逆の場合**不利差異**という。

　原価管理の最後のステップは是正のアクションの検討・実行である。製造部門では，報告された原価差異はそのコストセンターの部門業績を示すので，原価差異やその原因に関する情報に基づいて，A のアクションをとる。このとき，

業績管理アプローチで示したように，原価目標を達成できるよう，上司と部下がPDCAサイクルのなかで働きかけを行う。

　一方，差異原因の分析・報告のステップでは，意志決定アプローチで述べたように，原因調査を行うかどうかの意思決定問題が発生する。この調査・分析にはコストがかかるので，調査・分析によるベネフィット，つまり原因が判明したときにアクションからもたらされる効果を考慮して，費用対効果の分析を行わなければならない。しかし，通常は経験法則が使われることが多い。たとえば，原価差異が標準原価の10％を超える場合に，差異原因の調査・分析を行うというのがこれである。差異が大きいほど，その是正効果が期待でき，その是正にコストをかけることができると想定されている。

　アクションの検討も，意思決定問題であり，基本的には，①問題の認識・分析，②代替案の探索，③代替案の評価，④代替案の選択というステップが踏まれる。

2■　原価差異を把握する：アウトプット法とインプット法

　原価差異の把握については，アウトプット法を前提にして説明を行ってきたが，もう少し普遍的に述べておこう。製造直接費の原価差異の把握には，アウトプット法とインプット法の2つがある。製造間接費の原価差異の把握はどちらかというと，アウトプット法である。

①　**アウトプット法**……アウトプット法では，日次，週次または月次に製品の実際生産量（中間生産物を含む）が確定すると，これに原価標準を掛けて，標準原価を算定する。つまり，実際生産量に対して許容される原価が標準原価である。この方法では，生産プロセスのアウトプットつまり実際生産量が確定したのちに，標準原価が算定され，この標準原価と実際原価を比較して原価差異が把握される。この意味で，アウトプット法と呼ばれる。

②　**インプット法**……インプット法では，日，週または月の終わりを待たないで，直接材料や直接作業が標準を超えてインプットされた時点で原価差異が把握される。このため，その原因をより迅速・的確に捉えることがで

き，アクションを速くとれる。

　しかし，インプット法の適用には前提条件がある。個別受注生産や見込生産におけるロット別生産の状況では，製造指図書によって，標準の直接材料や直接作業を手配しておき，不足または余剰が生じたときに，これを超過請求ないし返納するという方法をとることができる。これに従うと，超過請求（返納）の時点で不利（有利）差異を把握できる。

　§3では，アウトプット法を前提にして説明する。

3■ 原価管理の前提条件を整備する

原価管理の効果的実施の前提条件を次に述べる。

① **作業または製品の標準化**……製品に対する作業内容がその都度異なると，作業手順が決まらない。この場合，製品単位当たりに標準となる作業時間，したがって原価標準を設定できないため，原価管理を効果的に実施できない。製品自体を規格化・標準化できれば，製品の製造に必要なさまざまな作業について標準作業を設定できる。製品を規格化・標準化できるのは，標準製品を見込生産している場合である。消費財のほとんどがこの生産形態で作られている。また，産業財の場合も，カタログに掲載された標準規格製品については，製品が標準化されているので，原価管理を適用できる。

　問題は，顧客からの注文を受けて，顧客仕様の受注品を生産している場合である。しかし，受注品といっても，造船や建設などを考えると，個別の作業にまで分解すれば，作業を標準化できる部分がある。この部分には原価管理が適用可能である。要するに，**作業の標準化が原価管理の前提条件である。**

② **責任権限関係の明確化と原価報告書の整備**……原価管理は現場のロワーマネジメントを含めて，コストセンターを対象に行われる。したがって，第4章で述べたように，責任は明確に原価の範囲に留まることから，管理

者の責任権限は明確に規定されなければならない。また，この責任権限関係に合わせて，前章の**図4.4**に示したような構造をもつ原価報告書の体系の整備が求められる。

③　**原価管理委員会の設置**……原価管理を推進しようとすると，工場長の下に原価管理委員会を設置するのが効果的である（工場長直轄の他の委員会がその機能を担うこともある）。委員会の審議事項としては，以下が考えられる。(1)原価管理規程の制定・改正，(2)原価管理に関する工場長の諮問事項，(3)原価管理の方針，(4)標準原価の設定と改訂，(5)原価差異の原因分析と対応策の検討。

④　**原価管理のスタッフ部門の整備**……原価管理の事務局は工場経理の原価管理担当部署（原価計算担当部署）に置かれる。その任務は，原価管理プロセスのサポートに留まらない。原価管理委員会でシステムの改訂が決まると，その具体案を練り，またこれを実行するのも原価管理スタッフ部門である。

⑤　**標準のタイトネスへの配慮**……業績目標のタイトネス（厳格度）に配慮することは，第1章で示唆したように，組織成員のモチベーションやコミットメントの確保に有効である。原価管理における標準のタイトネスについては，努力すれば達成可能な標準が望ましいと考えられている。このタイトネスの標準原価が**現実的標準原価**と呼ばれる。これに対して，設計図どおりの生産を前提とした標準原価が**理想標準原価**である。これはいくら努力しても達成できないタイトネスに設定されているため，現場の成員のコミットメントを得ることはできない。

⑥　**標準設定への参加**……トップダウンで業績目標を設定するのではなく，現場のロワーマネジメントを標準設定に参加させることが，目標達成へのコミットメントを高める。

⑦　**トップマネジメントの理解**……原価管理は多くの会社で実践されている歴史のあるシステムである。したがって，定着済みの現場の管理システムに対するトップマネジメントの役割は低いといってもよい。しかし，「原

価管理の役割は終わった」とか,「効果はあまり期待できない」など,トップマネジメントの姿勢がネガティブであれば,原価管理の権威は失墜し,誰もが見向きもしなくなってしまう。トップマネジメントの理解はやはり必要である。

§3　直接費の管理

1■ 直接材料費を管理する

(1)　直接材料費標準の設定

以下では,直接材料費の管理から説明をはじめる。直接材料費標準の設定が第1ステップである。**直接材料費標準**は,各製造部門について,直接材料の種類別に製品単位(1台,1Kg,1ロットなど)当たりの**直接材料消費量標準**(以下では,直接材料消費量を単に材料消費量という)に**標準消費価格**を掛けて設定される。

標準消費価格は,原価管理の目的が能率増進による原価引下げにあるため,タイトネスでいうと,予算上の予定消費価格の水準に設定される。もちろん,購買先や購買ロットなどが適正に選定されているという条件下で標準消費価格が設定されなければならない。これらは,購買部門の管理項目である。

これに対して,材料消費量標準は,材料消費量が能率増進による原価引下げの焦点であるため,タイトネスのある現実的標準原価のレベルに設定される。その設定の方法には,①技術的研究法,②経験的分析法,③試作法の3つがある。

第1の**技術的研究法**では,設計図や物理法則に基づいて評価された材料所要量がベースとなる。ただし,これは設計上回避できない**減損**(作業中に生じる直接材料や中間生産物の損耗)や作業屑も含まないので,この部分を組み込んで理想標準原価が最初に設定される。これを組み込むには,材料の品質,生産方法,生産ロットサイズなどの条件を確定した上で,生産技術の方法を用いて材料所要量を決めなければならない。

　現実的標準の水準に設定するには，**標準歩留率**の設定が必要である。歩留率とは，製品における直接材料含有量を直接材料投入量で割った率をいう。投入量と含有量との差は，投入した直接材料のうち，**仕損**（できそこない）・**減損**・**作業屑**等となり製品に含有されない部分であり，**歩減**と呼ばれる。歩留率は直接材料に関する能率の尺度といえる。この歩留率について標準が設定される。理想標準原価の設定に含まれる歩減，つまり設計上または物理的に避けえない歩減に加えて，人的作業であることから生じる歩減の余裕を現実的標準原価のレベルで組み込んで設定されるのである。材料消費量標準は次式で算定される。

$$材料消費量標準 = \frac{材料標準含有量}{標準歩留率}$$

　次に，**経験的分析法**では，さまざまな直接材料の消費量の実績を製品別に分析し，異常なデータを除いた平均消費量を計算したのち，この平均から現実的標準のもとで削減可能な歩減を差し引いて，製品別・材料種類別の材料消費量標準を設定する。

　試作法は同一または類似の製品がなく，過去のデータを参照できない場合を中心に適用される。実際に試作してみて，試作における材料消費量の平均または歩留率をベースにして，材料消費量標準と標準歩留率が現実的標準原価のタイトネスに設定される。

⑵　**直接材料費差異の分析と差異原因**

　直接材料費標準が設定され，これが製造現場に伝達され，生産がスタートすると，実際直接材料費を測定してから，**直接材料費差異**（direct material variance）を計算し，これを要素別に分析する。直接材料費差異は，実際生産量に対して許容される標準直接材料費から実際直接材料費を差し引いて求められる。すなわち，

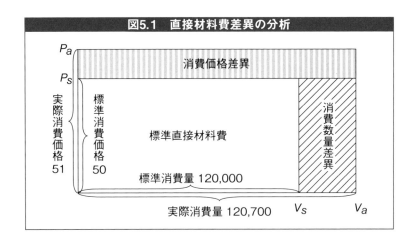

直接材料費差異＝標準直接材料費－実際直接材料費

＝直接材料費標準×実際生産量－実際直接材料費

　直接材料費差異は，**図5.1**のとおり，材料消費価格差異（material price variance）と材料消費数量差異（usage variance）に分解される。図において「標準直接材料費」と示した長方形の面積は標準消費価格と標準消費量の積で計算される。一方，一番大きい長方形の面積は実際消費価格と実際消費量との積で，実際直接材料費を示している。したがって，この2つの長方形の面積の差（図の縦線と斜線で示した部分の面積）が直接材料費差異を示している。

　このうち，斜線部が**材料消費数量差異**を表している。図から分かるように，標準消費量と実際消費量の差に標準消費価格を掛けて計算できる。

　　材料消費数量差異＝標準消費価格×（標準消費量－実際消費量）

　次に，**材料消費価格差異**は縦線部の面積で示される。これは標準消費価格と実際消費価格の差に実際消費量を掛けた積である。

　　材料消費価格差異＝（標準消費価格－実際消費価格）×実際消費量

［問題1］

　図5.1に示した製品 A について T 材料の標準消費価格は50円／Kg，材料消費量標準は100Kg／個，当月実際生産量は1,200個，当月の T 材料実際消費量は120,700Kg，当月の T 材料の実際直接材料費は6,155,700円であった。直接材料費差異を計算し，この差異を材料消費価格差異と材料消費数量差異に分解しなさい。

［**解答**］

$$直 接 材 料 費 差 異 = 標準直接材料費 - 実際直接材料費$$
$$= 50円 \times 100 \times 1,200 - 6,155,700円$$
$$= -155,700円 \qquad 155,700円の不利差異$$

$$材料消費数量差異 = 標準消費価格 \times (標準消費量 - 実際消費量)$$
$$= 50円 \times (100 \times 1,200 - 120,700)$$
$$= -35,000円 \qquad 35,000円の不利差異$$

$$実 際 消 費 価 格 = 実際材料費 \div 実際消費量$$
$$= 6,155,700円 \div 120,700Kg$$
$$= 51円／Kg$$

$$材料消費価格差異 = (標準消費価格 - 実際消費価格) \times 実際消費量$$
$$= (50円 - 51円) \times 120,700$$
$$= -120,700円 \qquad 120,700円の不利差異$$

　差異分析に続いて，差異原因の調査・分析と報告が行われるとともに，是正のアクションがとられる。以下では，材料消費価格差異と材料消費数量差異それぞれの原因を列挙しておこう。

　まず，材料消費価格差異の原因としては，①材料の市場価格の変動，②不適切な予定価格の使用，③不利な購入ロットサイズ・購入先・購入条件などが考えられる。①や②は，次年度の標準消費価格の設定にフィードバックされるが，③は主に購買部門の責任となる原因であり，早急な是正が求められる。ただし，製造部門の責任で③が生じることもある。たとえば，製造部門の生産スケジューリングの狂いが原因で，購買部門が不利な購買先から不利な条件で材料を急遽

購入せざるをえなかったような場合がそれである。このケースでは製造部門における是正が求められる。

　次に，材料消費数量差異の原因としては，①不適切な消費量標準の使用，②規格外や不良材料の使用，③不完全な仕様書の使用，④製品規格・作業方法・機械工具の変更，⑤作業能率の低下などがあげられる。①は製造現場の責任とは無関連であり，次期の材料消費量標準の設定にフィードバックされる。②は材料の高騰や不足が引き金となって生じることが多いが，購買部門の責任に絡むこともある。また，製造部門の生産スケジューリングの狂いが原因となることもある。③は製造現場の責任ではないが，早急な是正が必要である。④の製品規格の変更や機械の変更は製造現場の責任ではないが，作業方法や工具の改善は現場における改善活動の対象となる項目である。最後の⑤は原価管理の主たる対象であるため，その原因をさらに調査し，是正することが求められる。

2■　直接労務費を管理する

⑴　直接労務費標準の設定

　直接労務費標準の設定が直接労務費管理の第１ステップとなる。直接労務費標準は，各製造部門について，職種別の標準賃率を製品別・職種別の直接作業時間標準（以下では，直接作業時間を単に作業時間という）に掛けて設定される。職種別賃率は直接工の個人別賃率ではなく，職種の平均賃率が使われる。したがって，職種別の標準賃率は，職種別の年間賃金支払高（基本給以外に，残業手当等の加給金を含む）を予定し，これを職種別の年間予定作業時間総計で割って設定する。

　作業時間標準の設定は，製品別・職種別に行われる。その設定にあたっては，使用する機械設備，工具，作業方法や直接工の等級をあらかじめ決めておかなければならない。これらは作業の条件となるので，これらが変わると，作業時間に変化が生じる。

　作業時間標準の設定に使われる第１の方法は動作研究と時間研究である。動作研究では，作業を一連のどのような動作で行うのが合理的かが調査される。

さらに，この一連の動作で熟練工が作業したときの所要作業時間を**時間研究**により調査し，この時間をベースに作業時間標準を設定する。第2の方法は職長の経験による見積りであり，第3の方法は過去のデータを使った見積りである。このとき，過去のデータから異常なものを除いた平均作業時間がベースとなる。

(2)　直接労務費差異の分析と差異原因

　直接労務費標準が設定されると，これが製造現場に伝達される。生産がスタートすると，実際直接労務費を測定してから，**直接労務費差異**（direct labor variance）を計算し，これを要素別に分析する。直接労務費差異は，実際生産量に対する**標準直接労務費**から実際直接労務費を差し引いて計算される。

$$直接労務費差異＝標準直接労務費－実際直接労務費$$
$$＝直接労務費標準×実際生産量－実際直接労務費$$

　直接労務費差異は，**図5.2**のとおり，賃率差異（labor rate variance）と作業時間差異（labor hour variance）に分解される。図において「標準直接労務費」と示した長方形の面積は標準賃率と標準作業時間の積で計算される。一方，一番大きい長方形の面積は実際賃率と実際作業時間との積であるから，これは実

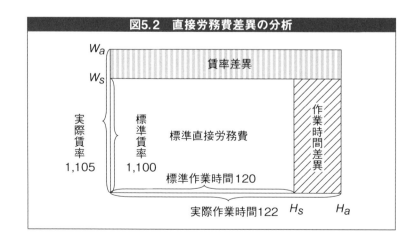

図5.2　直接労務費差異の分析

際直接労務費を示している。したがって，この２つの長方形の面積の差（図の縦線と斜線で示した部分の面積）が直接労務費差異である。

　このうち，斜線部が作業時間差異を表している。図から分かるように，標準作業時間と実際作業時間の差に標準賃率を掛けて計算できる。すなわち，

　　　作業時間差異＝標準賃率×（標準作業時間－実際作業時間）

　次に，賃率差異は縦線部の面積で示される。したがって，

　　　賃率差異＝（標準賃率－実際賃率）×実際作業時間

［問題２］
　製品 A の製造には X 職種の作業が必要である。その標準賃率は1,100円／時間，作業時間標準は0.1時間／個，当月実際生産量は1,200個，当月実際作業時間は122時間，当月の実際直接労務費は134,810円であった。直接労務費差異を計算し，この差異を賃率差異と作業時間差異に分解しなさい。

［解答］
　　　　直接労務費差異＝標準直接労務費－実際直接労務費
　　　　　　　　　　　＝1,100円×0.1×1,200－134,810円
　　　　　　　　　　　＝－2,810円　　　2,810円の不利差異
　　　作業時間差異＝標準賃率×（標準作業時間－実際作業時間）
　　　　　　　　　　＝1,100円×（0.1×1,200－122）
　　　　　　　　　　＝－2,200円　　　2,200円の不利差異
　　　実　際　賃　率＝実際直接労務費÷実際作業時間
　　　　　　　　　　＝134,810円÷122時間
　　　　　　　　　　＝1,105円／時間
　　　賃　率　差　異＝（標準賃率－実際賃率）×実際作業時間
　　　　　　　　　　＝（1,100円－1,105円）×122
　　　　　　　　　　＝－610円　　　610円の不利差異

　直接労務費の差異分析に続いて，差異の原因分析が行われ，さまざまな階層の製造部門に対して報告が行われる。各製造部門では，この原因を除去するため，アクションが検討・実行される。ここでは，差異原因を列挙しておこう。

　賃率差異の原因と考えられるのは，①賃金水準の上昇や賃金制度の変更，②不適切な標準賃率の適用，③指定外の労働等級の使用，④残業手当等の加給金の増加，⑤操業度の低下などである。①や②は製造現場の責任とはいえず，次期の標準賃率の設定にフィードバックされる。③や④は，製造現場において生産スケジューリングが狂った結果，等級の違う直接工を急遽作業にあてたとか，残業で対処したという場合，これは製造部門の責任である。最後の⑤は，わが国におけるように，賃金支払制度が日給月給制の場合，直接労務費の大部分が固定費であることに関係している。作業時間総計つまり操業度が予定と異なると，実際賃率が変動する。これは，製造間接費における操業度差異と類似の差異であり，製造部門の責任とはならない。

　次に，作業時間差異の原因としては，①不適切な作業時間標準の適用，②不完全な仕様書の使用，③製品規格・作業方法・機械工具の変更，④作業能率の低下などがあげられる。①は，次期の標準の設定にフィードバックされる。②については仕様書の改訂が早急に望まれる。③については，製品規格や機械の変更は製造現場の責任とはいえないが，作業方法や工具の改善は製造現場が取り組んでいる管理項目である。最後の④は，原価管理の重点項目であるから，さらに詳細な調査を行った上でアクションをとることが求められる。

§4　製造間接費の管理

1■ 製造間接費標準を設定する

　以上，原価管理の主たる対象の製造直接費について，その管理を述べてきた。しかし，製造間接費の管理の方法は，製造直接費とはまったく異なる。間接費は，製品の製造に関して直接把握できないため，製品別に標準を設定する直接

的方法がないためである。そこで，**製造間接費標準配賦率**をまず製造部門別に
設定するという方法がとられる。すなわち，

$$製造間接費標準配賦率 = \frac{製造間接費予算額}{基準操業度}$$

　ここにおいて，**基準操業度**とは，製造部門の予算年度における予算操業度で
あり，予算上の作業時間総計または機械運転時間総計で測定される（以下では，
作業時間での測定を仮定）。このように，分子の予算年度における**製造間接費
予算**を含めて，製造間接費標準配賦率は予算から導かれる。製造間接費の管理
は予算管理と密接につながっているのである。

[問題3]
　当工程では製品 A と B を見込生産している。当予算年度における予算
生産量と当工程における各製品の作業時間標準は以下のとおりであった。
また，当年度の製造間接費予算額は10,800,000円であった。当工程におけ
る製造間接費標準配賦率を計算しなさい。

	製品 A	製品 B
予算生産量（年間）	36,000個	48,000個
作業時間標準	1時間／個	0.5時間／個

[解答]
　A 製品・B 製品の予算生産量と作業時間標準から，各製品の予算作業時
間を求めると，以下のとおりである。

A 製品予算作業時間＝作業時間標準×予算生産量
= 1時間×36,000
= 36,000時間
B 製品予算作業時間＝作業時間標準×予算生産量
= 0.5時間×48,000
= 24,000時間

これを合計すると，年間の基準操業度は60,000時間となる。そこで，

製造間接費標準配賦率＝製造間接費予算額÷基準操業度
　　　　　　　　　　＝10,800,000円÷60,000時間
　　　　　　　　　　＝180円／時間

　標準配賦率が決まると，次に，これに製品別の作業時間標準を掛けることによって，製品別の**製造間接費配賦標準**が製造部門別に計算される。この金額を製造部門について合計すれば，製品別製造間接費標準が求められる。

　ここで，基準操業度における製造間接費予算の設定について説明しておこう。製造間接費には，変動費と固定費の要素がある。したがって，原価分解の方法を利用して製造間接費予算を設定するのが基本である。この方法で作業時間当たりの変動費率と固定費が判明すると，次式で製造間接費予算額を設定できる。なお，原価分解をしない場合には，たとえば過年度の実績を参考にして設定せざるをえない。

　　　製造間接費予算額＝変動費率×基準操業度＋固定費

2■ 製造間接費差異を分析する

(1)　固定予算による三分法

　製造間接費については，通常，月次に製造部門別の原価差異の分析が行われる。この分析の方法は，**固定予算**（fixed budget）と**変動予算**（flexible budget）とでは異なるので，別々に説明する。固定予算による方法とは，実際操業度が基準操業度から変動しても，基準操業度に対する当初の製造間接費予算額をベースとして，予算額と実際額との差額つまり後述の予算差異を求める場合をいう。

　これに対して，変動予算による方法では，実際操業度が変動すると，変動費部分について発生する費用額が変わるはずであるとして，予算額を実際操業度に合わせてスライドさせる。製造間接費中の変動費・固定費を把握していることを前提にすると，変動予算による方法が合理的である。

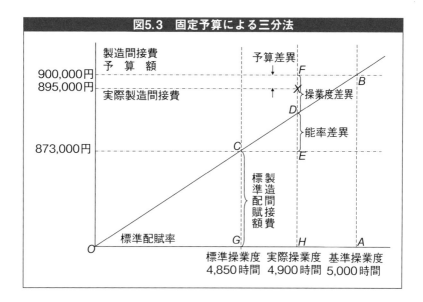

図5.3　固定予算による三分法

　まず，固定予算による三分法を**図5.3**を使って説明する。図において，*ΔAOB* を参照しよう。製造間接費予算額 *AB* を基準操業度 *OA* で割ると，∠*AOB* の勾配が製造間接費標準配賦率を示していることが分かる。

　製造間接費差異（overhead variance）を説明するには，標準操業度と製造間接費標準配賦額にふれなければならない。**標準操業度**とは，実際生産量に対して許容される標準作業時間をいう。**製造間接費標準配賦額** *CG* は，この標準操業度 *OG* に製造間接費標準配賦率を掛けて計算される。製品に配賦されるのはこの金額であり，これと実際製造間接費との差額が製造間接費差異である。

製造間接費差異＝製造間接費標準配賦額－実際製造間接費

　この差異は**図5.3**において *EX* で示されている。この差異は，予算差異（budget variance），能率差異（efficiency variance）と操業度差異（volume variance）に分解される。まず**予算差異**から説明すると，固定予算による三分法では，予算差異とは，当初の製造間接費予算額と実際製造間接費との差額 *FX* をいう。

　予算差異＝製造間接費予算－実際製造間接費

　次に，能率差異は，製造間接費標準配賦額（$EH = CG$）と実際操業度に対する配賦額 DH との差額 DE である。**図5.3**の$\varDelta DCE$ をみると，DE は標準操業度と実際操業度の差つまり能率の差に製造間接費標準配賦率を掛けた金額である。

　能率差異＝製造間接費標準配賦率×（標準操業度－実際操業度）

　操業度差異は，実際操業度に対する配賦額 DH と製造間接費予算額（$FH = AB$）との差額 DF である。**図5.3**の$\varDelta BDF$ をみると，操業度の変動に製造間接費標準配賦率を掛けた金額 DF となっている。

　操業度差異＝製造間接費標準配賦率×（実際操業度－基準操業度）

［問題４］
　［問題３］において，製品ＡとＢの当月予定生産量はそれぞれの年間予算生産量を月割りした数量の3,000個と4,000個，当月実際生産量はそれぞれ2,800個，4,100個であった。
　また，当月実際製造間接費は895,000円，当月実際直接作業時間は4,900時間であった。当工程の当月における製造間接費差異を計算し，これを予算差異，能率差異と操業度差異に分解しなさい。
［解答］
　まず，［問題３］の解答で示した年間の製造間接費予算額10,800,000円と基準操業度60,000時間を月割すると，月次の基準操業度は5,000時間で，月次の製造間接費予算額は900,000円となる。他方，実際生産量に対して許容される標準操業度は，

　　　　標準操業度＝Ａ製品作業時間標準×Ａ製品実際生産量
　　　　　　　　　　＋Ｂ製品作業時間標準×Ｂ製品実際生産量
　　　　　　　　　＝1時間×2,800＋0.5時間×4,100
　　　　　　　　　＝4,850時間

製造間接費標準配賦率は[問題3]で求めたように180円／時間であるから，

　製造間接費標準配賦額＝製造間接費標準配賦率×標準操業度

　　　　　　　　　　　＝180円×4,850

　　　　　　　　　　　＝873,000円

　製造間接費差異＝製造間接費標準配賦額－実際製造間接費

　　　　　　　　＝873,000円－895,000円

　　　　　　　　＝－22,000円　　　22,000円の不利差異

予　算　差　異＝製造間接費予算－実際製造間接費

　　　　　　　　＝900,000円－895,000円

　　　　　　　　＝5,000円　　　5,000円の有利差異

能　率　差　異＝製造間接費標準配賦率×(標準操業度－実際操業度)

　　　　　　　　＝180円×(4,850－4,900)

　　　　　　　　＝－9,000円　　　9,000円の不利差異

操　業　度　差　異＝製造間接費標準配賦率×(実際操業度－基準操業度)

　　　　　　　　＝180円×(4,900－5,000)

　　　　　　　　＝－18,000円　　　18,000円の不利差異

⑵　変動予算による二分法

　固定予算による差異分析では，実際操業度が変動しても，予算差異の計算に当初の予算額をそのまま適用している。しかしながら，これでは予算効率の物指しとはならないため，実際操業度の変動に伴う変動費の増減に対して予算をスライドさせようとするのが変動予算である。

　変動予算による差異分析には二分法と三分法があるので，前者から説明する。**変動予算による二分法では，製造間接費差異は管理可能差異**（controllable variance）**と操業度差異に分解される。**

　製造間接費差異の総額は変動予算による場合にも異ならない。ただし，製造間接費を変動費と固定費に分解しているため，製造間接費標準配賦率も変動費率と固定費配賦率に分かれる。**図5.4**において，*ON* が固定費，*BN* 線が変動予

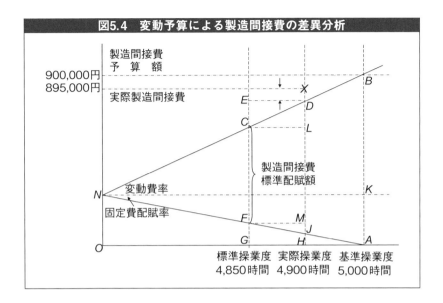

図5.4　変動予算による製造間接費の差異分析

算線を示している。∠BNK の勾配が変動費率，∠ANK や∠OAN の勾配が固定費配賦率であり，この 2 つの合計が製造間接費標準配賦率（∠ANB の勾配）である。

　標準配賦率を標準操業度に掛けると，製造間接費標準配賦額は CF となる。したがって，製造間接費差異は製造間接費標準配賦額 CF と実際製造間接費 HX との差額であり，**図5.4**において LX と HM（＝FG）との合計となる。

　　製造間接費差異＝製造間接費標準配賦額－実際製造間接費

　このうち，LX が管理可能差異で，HM が操業度差異である。BN 線は変動予算線であるから，標準操業度に対する変動予算額 HL（＝CG）と実際製造間接費 HX との差額が管理可能差異である。実際生産量を標準操業度で生産し，予算効率をキープすることが製造現場の管理者の責任となるからである。

　　管理可能差異＝標準操業度に対する変動予算額－実際製造間接費

　操業度差異は，**図5.4**の △FAG をみると，FG（＝HM）に等しく，操業度の

差 *AG* に∠*FAG* の勾配つまり固定費配賦率を掛けた金額となる。

操業度差異＝固定費配賦率×（標準操業度－基準操業度）

［問題 5 ］

　［問題 4 ］において，変動費率が80円／時間，固定費予算額が6,000,000円／年（月割額500,000円）であるとして，製造間接費差異を管理可能差異と操業度差異に分解しなさい。

［**解答**］

固定費配賦率＝固定費予算額÷年間基準操業度

＝6,000,000÷60,000

＝100円／時間

管理可能差異＝標準操業度に対する変動予算額－実際製造間接費

＝（80円×4,850＋500,000円）－895,000円

＝－7,000円　　7,000円の不利差異

操業度差異＝固定費配賦率×（標準操業度－基準操業度）

＝100円×（4,850－5,000）

＝－15,000円　　15,000円の不利差異

---

(3)　変動予算による三分法

　変動予算による三分法の 1 つ（第 1 式と呼ばれる）では，変動予算による二分法における管理可能差異が予算差異と能率差異に分解される。変動予算額が実際操業度における金額 *DH* にスライドされるため，この金額から実際製造間接費 *HX* を差し引いて予算差異 *DX* が計算される。すなわち，

予算差異＝実際操業度に対する変動予算額－実際製造間接費

　能率差異 *CE*（＝*DL*）は，標準操業度に対する変動予算額 *CG* と実際操業度に対する変動予算額 *EG*（＝*DH*）の差額である。**図5.4**において △*CDE* をみると，

標準操業度と実際操業度の差つまり能率の差 *DE* に変動費率を掛けた積 *CE* であることが分かる。能率差異は能率の差を変動費率で評価した金額となっている。

　　能率差異＝標準操業度に対する変動予算額
　　　　　　－実際操業度に対する変動予算額
　　　　　　＝変動費率×(標準操業度－実際操業度)

[問題 6]
　[問題 5]における製造間接費差異22,000円(不利差異)を**変動予算による三分法第 1 式**により予算差異，能率差異と操業度差異に分解しなさい。
[解答]
　操業度差異は変動予算による二分法の場合と同じく15,000円の不利差異
　　　予算差異＝実際操業度に対する変動予算額－実際製造間接費
　　　　　　　＝(80円×4,900＋500,000)－895,000円
　　　　　　　＝－3,000円　　　3,000円の不利差異
　　　能率差異＝変動費率×(標準操業度－実際操業度)
　　　　　　　＝80円×(4,850－4,900)
　　　　　　　＝－4,000円　　　4,000円の不利差異

　変動予算による三分法には別の方法がある(第 2 式)。この方法では，操業度差異と能率差異の計算が第 1 式とは異なる。第 2 式では，操業度差異における操業度の差を標準操業度と基準操業度の差ではなく，固定予算による場合と同様に，実際操業度と基準操業度との差と捉える。**図5.4**の *△HAJ* をみると，*AH* が操業度の差であり，これに∠*HAJ* の勾配つまり固定費配賦率を掛けると，操業度差異 *HJ* となる。

　　操業度差異＝固定費配賦率×(実際操業度－基準操業度)

　予算差異の計算は第 1 式と同じで *DX* であるから，製造間接費差異の残りは，

DL と *JM* である。*DL* は標準操業度と実際操業度の差つまり能率の差に変動費率を掛けた金額である。一方，*JM* もこの差に固定費配賦率を掛けた金額である。したがって，*DL* と *JM* の合計は，能率の差に製造間接費標準配賦率を掛けた金額であり，これが第2式における能率差異となっている。

能率差異＝製造間接費標準配賦率×（標準操業度－実際操業度）

[問題7]

　[問題6]において，変動予算による三分法第2式を使って，能率差異と操業度差異を計算しなさい。

[解答]

$$操業度差異＝固定費配賦率×（実際操業度－基準操業度）$$
$$＝100円×（4,900－5,000）$$
$$＝－10,000円　　10,000円の不利差異$$
$$能 率 差 異＝製造間接費標準配賦率×（標準操業度－実際操業度）$$
$$＝180円×（4,850－4,900）$$
$$＝－9,000円　　9,000円の不利差異$$

　操業度の差は（実際操業度－基準操業度）をとるべきであると考えると，第2式にも多少の妥当性が認められるが，能率の差を固定費を含めて製造間接費標準配賦率で評価するのは妥当ではないと考えられる。能率が変化しても，これがもたらす原価の増減は変動費だけであるからである。

⑷　製造間接費差異の原因

　差異分析が終わると，原価差異の原因調査・分析となるが，ここでは差異の原因をリストアップしておく。

　予算差異の原因となるのは，第1に，製造間接費の各費目における市場価格，料率，賃率などの変動の他，予算編成時におけるこれらの設定が不適切であっ

たことである。これは製造現場の管理者の責任に属さない。第2の原因は，予算効率の低下である。予算の浪費は製造現場の責任でもあり，原因の費目別の詳細な分析，さらには是正のアクションが必要とされる。

　能率差異については，能率の差の原因分析に主眼がおかれる。操業度が直接作業時間で測定されている場合を想定すると，能率差異の原因分析を直接労務費差異における作業時間差異の原因分析に代替することができる。

　操業度差異の原因は，①需要の季節的変動，②市場の変動，③不測の災害，④販売部門の責任，⑤他製造部門における生産スケジューリングの不良，⑥機械設備の整備不良などである。①から④までは，現場の製造部門管理者には管理不能である。しかし，⑥の機械の整備は現場の責任であるし，⑤も他部門におけるスケジューリングの狂いが次工程以下の操業度低下につながったという意味では，その製造部門管理者の責任である。

§5　原価管理への役割期待

　本章の最後として，原価管理に対する役割期待を述べる。原価管理は，わが国において，第二次大戦後に本格的に導入された。当時の日本企業の能率はアメリカと比べて低く，原価管理に対する役割期待も高かった。

　ところが，その後，能率が高くなり，また経営環境が変化して製品ライフサイクルが短くなると，原価管理に対する役割期待は相対的に低下したといわざるをえなくなっている。このうち，能率上昇の結果は明らかである。能率が上昇してしまうと，この効果が次第に低下するからである。

　製品ライフサイクルの短縮化の影響はどうであろうか。技術革新やニーズの**多様化**は，スマートフォンやタブレット端末などにみられるように，モデルの多様化とモデルチェンジの周期の短縮化をもたらした。

　製品のライフサイクルが短くなると，原価管理の効果は低下する。このサイクルが長いときには，タイトネスのある標準原価を原価管理に適用しても，徐々に作業の習熟度を高めながら能率を上げることができた。その結果，かな

りの原価引下げを期待できた。しかし，ライフサイクルが短くなってしまうと，作業の習熟効果は低く，それほどの能率増進も望めなくなった。

　能率増進による原価管理に対する役割期待が相対的に低下すると，他の原価作用因つまり他のコストドライバーを対象としたコストマネジメントへの期待が高まった。その第1は第13章で解説する**原価企画**である。これはすでに述べたように，製品設計が決まると他のコストドライバー，したがって原価が相当程度規定されてしまうことから，製品開発の源流でコストを管理しようとする日本発のコストマネジメントである。また，工程設計や作業方法を継続的に改善することによって，原価引下げを実現しようとする**原価改善**も日本発のシステムとして知られている。

　もっとも，このようなシステムが注目されているといっても，能率増進による原価管理を実施しなくてもよいという意味ではない。原価管理は大きく原価引下げを狙うシステムでなくなったとしても，能率を維持するための**原価維持**のシステムと位置づけられ，原価企画や原価改善と並んで，コストマネジメントの三本柱の1つになっている。

第5章　練習問題

設問1　a〜gの空欄を適切な用語で補いなさい。
　⑴　原価管理は，原価作用因つまり（　a　）のうち，（　b　）の増進による原価引下げを目的としたシステムである。
　⑵　原価差違は実際原価と（　c　）との差額である。直接費の管理については，（　d　）が，製品別・部門別・費目別に設定される。この（　d　）に実際生産量を掛けて，実際生産量に対して許容される（　c　）が求められる。
　⑶　直接材料費差異は材料消費価格差異と（　e　）に，直接労務費差異は賃率差異と（　f　）に分析され，それぞれの原因を調査の上，是正の（　g　）がとられる。

設問 2　A 製造部門における製造間接費標準配賦率は50円／時間，基準操業度10,000
　　　　時間，標準操業度9,000時間，実際操業度9,200時間，製造間接費実際発生額
　　　　502,000円であった。製造間接費差異を計算し，これを予算差異，能率差異，
　　　　操業度差異の 3 つに分解しなさい。

第**6**章

長期経営計画

学習のポイント

本章では，管理会計における基本のPDCAサイクルの第1ステップである長期経営計画について述べる。長期目的・経営戦略をアクションプログラムに結びつけるプロセスが長期経営計画である。本章における学習の目標は，長期経営計画について，次の3点を理解することである。

(1) 長期経営計画とは何か。またなぜ必要とされるのか。

(2) 長期経営計画のプロセスにおいて，戦略課題に関する意思決定上SWOT分析がどのように行われるのか。また，個別構造計画上のプロジェクト代替案がどのように探索・選択されるのか。

(3) 長期経営計画のプロセスに部門がどのように関与するのか。

§1 長期経営計画の意義

1■ 明示的な長期目標と戦略課題を指針として資源を配分する

本章では，長期経営計画について述べる。第1章の**図1.2**から分かるように，これは管理会計の基本のPDCAサイクルにおける戦略実施の第1ステップである。

まず，長期経営計画（long-range planning）を定義しておこう。長期経営計画とは，通常3年の計画としてもたれる総合計画であり，戦略実施に向けて，3年の計画期間における長期目標をまず設定し，戦略実施と長期目標の実現に

対してキーとなる戦略課題を洗い出し，長期目標の実現と戦略課題の解決に向けて個別構造計画上のプロジェクトの代替案を探索・評価・選択し，これを総合するプロセスである。以下，この定義の意味を説明する。

　長期経営計画のアウトプットは，長期利益目標に関連して財務的指標に集約される。このため，長期経営計画は，3年の計画を総合的に財務的指標によって表示するという一面をもっている。そこで，長期経営計画は**長期利益計画**（long-range profit planning）とも呼ばれる。もちろん，長期経営計画は，過去の延長線上に計画数字を割り付けるものではない。このような数字合わせでは，戦略実施の役割を長期経営計画に期待することはできない。

　それでは，定義に示したような長期経営計画が必要な理由は一体何であろうか。それは，どれだけ優れた長期目的や経営戦略であっても，それを具体的なアクションプログラムに結びつけないと，戦略実施ができないからである。このため，長期経営計画がもたれる。したがって，長期経営計画のプロセスでは，単なる数字合わせではなく，戦略実施に向けた具体的なアクションプログラムが織り込まれなければならない。この意味では，マネジメントコントロールにおける基本の PDCA サイクルでの計画といっても，それは**戦略的計画**の特徴をもつといってもよい。この点はすでに第1章で述べたとおりである。

　しかし，長期目的や経営戦略をただちにアクションプログラムにつなぐことができるとはかぎらない。定義にあるように，戦略実施に向けて，3年の計画期間における長期目標をまず設定し，戦略実施と長期目標の実現に対してキーとなる戦略課題を洗い出しておかなければならない（長期目標の設定と戦略課題の洗い出し）。この2つを資源配分の明示的な指針とするのである。このような指針を設定してはじめて，戦略実施につながるアクションプログラムを組むことができる。

　たとえば，清涼飲料水や農薬などに一旦多角化した医薬品メーカーが，本業の医薬品事業における研究開発費の巨額化や競争の激化に直面して，本業以外の事業からの撤退と本業への集中を決定したとする。これは「**選択と集中**」の戦略と呼ばれる。このような戦略を実施するため，長期経営計画において，長

期目標，たとえば選択された事業の売上成長率などが3年間の目標として設定される。さらに，この長期目標を達成するために，今後3年間で，「選択された事業分野のうち，どの製品に重点をおくのか」とか，「研究開発に必要な人材をどう確保するのか」とか，「撤退事業の子会社化，合弁化または売却をどう進めるのか」などについて，3年間で何にどこまで取り組むのかの具体的な戦略課題を洗い出しておく。

2■　個別構造計画を総合する

　明示的な長期目標や戦略課題が設定されると，次にこの目標達成や戦略課題の解決に必要な方策を探索する。たとえば，上例において，選択された事業分野の売上成長率目標についていうと，その目標に見合う新製品開発計画，工場拡張計画，営業力強化計画などのプロジェクトを組むことになる。第2章で説明した個別構造計画である。

　このように，長期目標と戦略課題を設定した上で，プロジェクトに資源が配分される。しかし，長期経営計画は3年間の総合計画である。したがって，長期経営計画は，長期目標と戦略課題を指針として，個別構造計画上のプロジェクトの代替案を探索・評価・選択するとともに，これを総合するプロセスと考えることができる。

3■　不確実性に適応する

⑴　計画期間の短縮化

　第4章において説明したように，企業は経営組織や管理会計システムを経営環境の不確実性に適応させている。この点は，長期経営計画についても例外ではない。かつては一般の企業では，5年の長期経営計画が多かった。しかし，今は3年の長期経営計画が通例となったのも，不確実性の増大への対応の1つである。見通せない将来に対して長期目標を設定したり，戦略課題を洗い出したりしたのでは，資源配分の明示的な指針とはならないからである。計画期間が3年と短くなるに及んで，長期経営計画も**中期経営計画**とか，単に**中期計画**

と呼ばれることが多くなっている。

　ただし，長期経営計画の計画期間は，業種によっても異なる。たとえば，電力会社では相当先までの電力需要を見込んで発電所の建設計画を立てる必要から，計画期間の長い長期経営計画，たとえば10年の長期経営計画が立てられたりする。

⑵　長期経営計画の改訂

　長期経営計画における不確実性への適応として次に知っておく必要があるのは長期経営計画の改訂である。長期経営計画では，経営環境の変化に迅速に対応することが求められる。このため，経営環境が変化しているにもかかわらず，当初の計画に固執していたのでは，戦略実施に役立たない。したがって，**図6.1**の最上部に示したような**固定方式**を適用できるのは，経営環境がそれほど不確実でない場合である。これが不確実であれば，長期目標，戦略課題や個別構造計画を定期的に見直さなければならない。

　経営環境の不確実性に対応するために，**ローリング方式**では，**図6.1**のとおり，経営環境の変化を取り込んで長期経営計画が毎年改訂される。長期目標や戦略

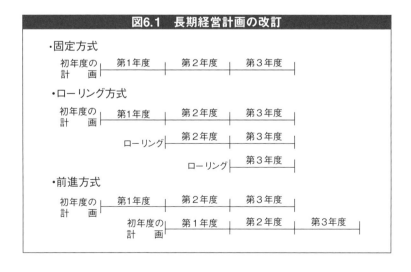

図6.1　長期経営計画の改訂

課題が見直されたり，個別構造計画の新規採用や見直しが行われたりする。ただし，ローリング方式では，3年ごとに長期経営計画や業績を総点検する目的から，3年の計画期間は固定される。毎年改訂されるのは計画期間の残りについてということになる。

これに対して，前進方式の長期経営計画では，**図6.1**に示したとおり，3年の長期経営計画が毎年行われる。つまり，毎年3年先までを見通して，長期目標を設定するとともに，戦略実施と長期目標の実現に向けて取り組むべき戦略課題を洗い出し，長期目標の実現と戦略課題の解決に必要な個別構造計画を設定する。戦略実施にとって，何をすべきかを長期の展望にたって戦略的に毎年見直すことがローリング方式以上に重視されているといえよう。

§2　長期経営計画のプロセス

1■　長期目標を設定する

次に，長期経営計画のプロセスを述べる。長期経営計画は，戦略実施に向けて，①3年の計画期間における長期目標を設定し，②戦略実施と長期目標の実現に対してキーとなる戦略課題を洗い出し，③長期目標の実現と戦略課題の解決に向けて個別構造計画上のプロジェクトの代替案を探索・評価・選択し，④これを総合するプロセスである。

図6.2を参照しながら，長期経営計画のプロセスを順を追って説明する。最初のステップでは，戦略実施に向けて，計画期間における**長期目標**が設定される。

前述の医薬品メーカの例でいうと，戦略事業の「選択と集中」を方向付けるために，戦略事業の売上成長率を設定したりするのがこれである。この目標を達成できるように資源を配分して，「選択と集中」を推し進めるのである。

次に，長期目標の種類を説明する。長期目標には財務的目標と非財務的目標が考えられる。前者としては以下の項目の1つ以上を設定するのが通常である。

①　利益額……経常利益または純利益（税引前または税引後）で設定される。

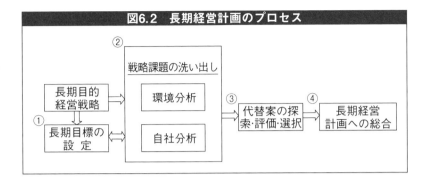

図6.2　長期経営計画のプロセス

② 利益率

　　……**使用資本利益率**（**総資本利益率**ともいう。分子の利益は税引前純利益
　　または税引後純利益）――経営効率は**総資本**つまり**使用資本**（**使用資
　　産**）を使って利益をどれだけ生み出したかで決まる。このため，長期目
　　標として，使用資本利益率（純利益÷使用資本×100）がよく用いられる。
　　この利益率は売上高純利益率と**総資本回転率**に分解される。

$$使用資本利益率 = \frac{純利益}{使用資本} \times 100$$

$$= \frac{純利益}{売上高} \times 100 \times \frac{売上高}{使用資本}$$

$$= 売上高純利益率 \times 総資本回転率$$

なお，単に資本利益率（**ROI**, return on investment）といっても，使用資
本利益率を指していることが多い。略号としては，**ROA**（return on assets）や
ROCE（return on capital employed）も使われる。

　　……**純資産利益率**（分子の利益は税引後純利益）――株主にとっての収益
　　性ということで，株主資本を主とした純資産に対する利益率つまり純資
　　産利益率が長期目標として設定されることがある。株主に対する収益性
　　であるから，税引後純利益が分子にとられる。

　　……**売上高利益率**（分子の利益は税引前純利益または税引後純利益，ある

いは経常利益）──使用資本利益率の1要素である売上高利益率が長期
目標に設定されることが多い。

③　売上高……主として，企業規模の目標として売上高が長期目標として設
定される。**規模の経済**により，量産による原価低減効果を得ようとするも
のである。また，後述する**市場占拠率**の場合と同様，規模が大きくなると，
市場情報や技術情報が入手しやすくなるため，競争優位に立つことができ
る。

④　売上高成長率……競合他社をしのぐ成長を遂げることにより，規模の経
済を狙っている。

⑤　原価低減……設備の近代化などにより生産性向上を目的とする。

非財務的目標としては，以下の指標が使われる。

①　市場占拠率……売上高に関して述べたとおりである。

②　顧客満足……経営戦略で定義された顧客について，顧客満足の目標が設
定される。

③　開発期間……第13章「原価企画」において述べるように，開発期間の短
縮化は製品の開発費の低減だけではなく，品質向上にもつながる。

④　歩留率……短期的には，歩留率（材料含有量÷材料投入量×100）は原
価管理により上昇が図られる。しかしながら，工程設計の見直しなどによ
る歩留率向上を図るため，歩留率が長期目標として設定される。

⑤　その他

2■　戦略課題を洗い出す：SWOT 分析

図6.2を参照すると，長期経営計画の第2ステップでは，環境分析と自社分
析から，戦略課題が洗い出される。戦略実施と長期目標の実現にとってキーと
なる**戦略課題**とは，1つには，戦略実施と長期目標を実現する上で，経営環境
にどう対処していくのか，すなわち消費者嗜好の変化や技術革新など経営環境
の変化から生まれる機会（opportunity）と脅威（threat）にどのように対応し
ていくのかである。これを明らかにするため，**環境分析（外部環境分析ともいう）**

が行われる。経営環境としては，マクロ環境（政治・経済・法律・技術・社会・文化など）とミクロ環境（顧客・競合他社・流通業者・供給業者など）が分析の対象となる。

　たとえば，原油価格の高騰は，これが売上の減少につながると考えると，自動車メーカーやエアコンメーカーにとっては脅威となる。したがって，この脅威にどのように対応するかが戦略課題となる。省エネ機器の開発が戦略課題の一例である。この開発がうまくいけば，脅威が機会に転じる。

　このように，環境分析は戦略課題の洗い出しにとって必須の分析である。しかしながら，戦略課題に関する意思決定は，経営環境の機会と脅威への対応だけで行われるものではない。**自社分析**（内部環境分析ともいう）により，自社の強み（strength）と弱み（weakness）を分析し，この強みと弱みを経営環境の機会と脅威に適合させなければならない。

　自社分析では，ヒト・モノ・カネ・情報の資源について，自社が戦略実施上どのような強みと弱みをもっているかが分析される。原油価格上昇の例を続けると，省エネ機器開発のための人材が不足している場合，この克服も大きな課題となる。不足している技術のライセンシングなどが戦略課題の候補となろう。

　環境分析と自社分析とのこのような関係からいうと，この2つの分析は総合して行われる。総合した分析は SWOT 分析と呼ばれる。いうまでもなく，SWOT はそれぞれ strength（強み），weakness（弱み），opportunity（機会），

図6.3　SWOT 分析

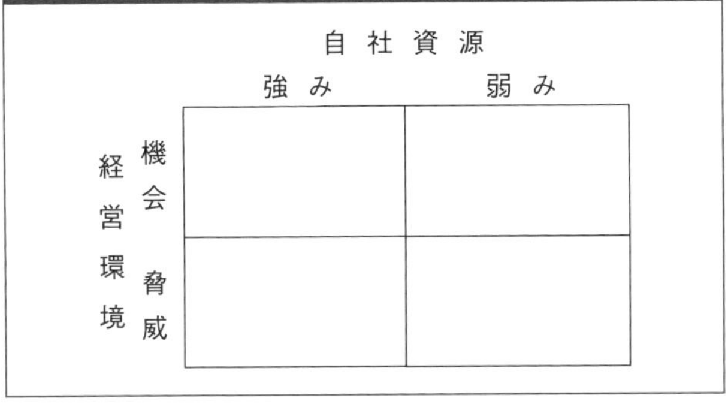

自　社　資　源

　　　　強　み　　　　　　　弱　み

経営環境　機会／脅威

threat（脅威）の頭文字である。分析結果は，**図6.3**のような一覧表に集約される。SWOT 分析は，戦略実施と長期目標を実現する視点から，経営環境の機会と脅威をサーチし，この機会と脅威に対して自社の強みと弱みを適合させて，戦略実施と長期目標の実現にとってキーとなる戦略課題を洗い出す手法といえる。

3■ 代替案を探索する：ギャップ分析

図6.2に示したように，長期目標と戦略課題が設定されると，第3ステップの「代替案の探索・評価・選択」に入る。代替案の探索にあたっては，戦略課題を解決するための具体的な代替案を探索するとともに，現状と長期目標との**ギャップ分析**が行われる。つまり，現状のまま推移した場合に予測される結果と目標とのギャップが埋まるまで，代替案を探索していくのである。

探索される代替案は，①新規事業計画，②基礎研究計画，③製品開発計画，④立地計画，⑤設備投資計画，⑥マーケティング計画，⑦長期資金計画，⑧その他に分類される。

探索された代替案は，次章の「設備投資計画」で説明するような方法で評価・選択される。もっとも，長期経営計画の段階では，個別構造計画の詳細は必ずしも詰められていないのが通常である。たとえば，生産能力拡張のための設備投資計画では，生産能力拡張の規模や投資規模は概算で織り込まれるが，設備の規格や工事日程までは決まっていない。

規格などの詳細は，設備投資計画の実施の前に決められる。このために，再度，代替案の探索・評価・選択が行われる。また，工事日程に合わせて，予算編成において資金が割り当てられる。資金を割り当てないと，設備投資計画は実行できない。

長期経営計画のプロセスとしては，最後に，目標の達成を確認した上で，選択された代替案が長期経営計画に総合される。このアウトプットは，長期目標，長期利益計画，戦略課題や主要個別構造計画を内容として一覧表に要約される。実際のものと比べると，簡略版であるが，長期経営計画のひな形は**図6.4**に示

したとおりである。

図6.4　長期経営計画の例示

長期経営計画

20X1年4月1日～20X4年3月31日

I　長期目標（3年後）

　　経常利益　　　　　474億円　　　　　売　上　高　　4,050億円

　　売上高経常利益率　11.70％

II　長期利益計画

	20X1年度			20X2年度			20X3年度		
	売上高	営業利益	経常利益	売上高	営業利益	経常利益	売上高	営業利益	経常利益
AB事業	1,200	180	—	1,250	190	—	1,350	200	—
LM事業	900	100	—	900	100	—	900	105	—
YZ事業	1,500	190	—	1,600	205	—	1,800	230	—
全　社	3,600	470	400 (11.11%)	3,750	495	430 (11.47%)	4,050	535	474 (11.70%)

（　）内は経常利益率

III　戦略課題と個別計画の概要

1.　全般

　（1）　省エネ機器の開発・販売に注力する。

　（2）　コスト競争力をさらに高める。

　（3）　「成果の可視化」によりスピード経営を実現し、さらなる成長を図る。

2.　YZ事業

　　世界的競争力をもつ省エネ機器の開発・生産・営業体制を強化する。

　（1）　開発エンジニアを30名増員する。

　（2）　△△工場の生産能力を30％拡張する。

　（3）　○○に営業支店を開設する。

（以下省略）

§3　長期経営計画における部門の関与

1■ 長期経営計画を集権的に設定する

　次に，長期経営計画のプロセスを業績管理アプローチにより観察することにしよう。具体的には，部門をどのように長期経営計画のプロセスに関与させて，統合を図るかを説明する。これは，全社業績目標を達成するため，部門にどのように働きかけるかの問題である。部門の管理者レベルでいうと，人（組織成員）への働きかけである。

　長期経営計画を集権的に設定するのか，それとも分権的に設定するのかに応じて，集権的設定プロセスと分権的設定プロセスとを区別することができる。

　集権的設定プロセスは職能別部門組織に適用される。この場合，長期経営計画は，事務局（一般には，経営企画部と呼ばれる）が原案を作成し，これを本社トップマネジメントが決定する。しかしながら，製造部門や営業部門などの職能部門がこのプロセスにまったく関与しないのかというと，そうではない。

　職能部門の関与の仕方や程度にはさまざまなパターンが考えられるが，**図6.5**の上側に示したようなプロセスが１つのモデルである。①長期目標の設定や②戦略課題の洗い出しに際して，職能部門からヒアリングが行われる。長期目標，特に職能に直接関連した目標を含めて，職能に関わる経営環境や自社の状況を部門が的確に認識して，この情報を伝達するよう働きかけているのである。他方，これは，部門がその長期目標や戦略課題をどうしたいのかを本社に働きかけるステップでもある。

　長期目標が設定され，戦略課題が洗い出されると，③のステップにおいて，長期目標と現状とのギャップを分析し，このギャップを埋めるとともに，戦略課題に適合した代替案を探索する。このとき，職能に関連する代替案の探索は，職能部門に委ねられる。代替案を部門で探索し，本社に対して提案するよう働きかけるのである。部門では，この提案の採択を働きかける。

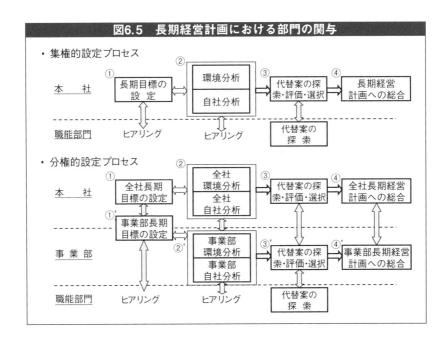

図6.5　長期経営計画における部門の関与

本社では，この提案を含めて代替案を長期経営計画に総合するなかで，代替案が目標と現状とのギャップを埋めるのにまだ不十分であれば，本社で別の代替案を探索したり，職能部門に提案の再検討や新規代替案の探索を働きかける。後者の場合，代替案の提案をめぐって本社と職能部門との間ですり合わせが行われる。

このように，職能別部門組織においても，長期経営計画の設定プロセスは，完全にトップダウンとはいえない。ミドルマネジメントからのヒアリングや提案ということで，ミドルアップの要素もあり，トップダウン・ミドルアップの折衷型となっている。つまり，戦略実施のため，長期経営計画のプロセスにおいて，ヒアリングやすり合わせの形で本社と職能部門との間で相互に働きかけが行われている。

したがって，この場合，部門管理者は，その部門に帰属可能な個別固定費に対して，影響可能性，したがって管理可能性をもっていると考えられる。第4

章においては，説明を単純化するために，責任権限関係が弾力化した事業部制組織を職能別部門組織に対比したが，後者の組織形態においても，責任権限関係はそれほど固定的とはいえない。

2■ 長期経営計画を分権的に設定する

長期経営計画が事業部別にも設定される事業部制組織では，全社長期目標から事業部長期目標をどのように展開するのか，また事業部長期経営計画をどのようにすり合わせて全社長期経営計画に総合するのかといった業績管理上の問題が生じる。

事業部制組織における長期経営計画は**分権的設定プロセスに従うが，このプロセスにもさまざまなパターンを考えることができる。ここでは，図6.5の分権的設定プロセスを想定する。

本社の長期経営計画事務局では，最初に，長期目的や経営戦略の他，自社の経営環境や状況を勘案して全社長期目標を設定する。このとき，図6.5に示したように，事業部からヒアリングを行った上で全社長期目標を設定する。続いて，全社長期目標を事業部に割り付ける。全社の利益目標，売上高利益率目標，売上成長率目標などを事業部別に展開し，事業部長期目標とするのである。もちろん，事業部によっては，事業部に固有の長期目標が設定される。

第2ステップの戦略課題の洗い出しでは，本社の長期経営計画事務局は，全社の SWOT 分析を行うとともに，事業部の SWOT 分析について事業部からヒアリングを行う（事業部は職能部門からヒアリングを行う）。そして，これらの分析から，戦略実施と長期目標の実現にとってキーとなる全社の戦略課題を洗い出す。一方，事業部の長期経営計画スタッフも事業部の戦略課題を洗い出し，この戦略課題について本社とすり合わせを行う。

このようにして全社と事業部の戦略課題が洗い出されると，全社と事業部において，この課題に応えるよう，しかも長期目標が達成できるよう，ギャップ分析を行い，代替案を探索・評価・選択する。このとき，事業部からの代替案についてすり合わせを行うこともある。また，事業部長期経営計画案について

は，本社トップマネジメントによるヒアリングを含めて，本社と事業部との間ですり合わせを行ったのち，全社と事業部の長期経営計画が**拡大常務会**（経営会議と呼ばれることが多い）において決定される。この会議メンバーはさまざまであるが，長期経営計画の審議に際しては事業部長がメンバーに加わるのが通常である。

　以上，分権的組織における長期経営計画の設定プロセスを述べてきた。事業部からのヒアリングやすり合わせは，戦略実施のために，本社と事業部が相互に働きかけるプロセスであることは繰り返し説明するまでもない。

第6章　練習問題

設問　a〜eの空欄を適切な用語で補いなさい。

(1)　長期経営計画とは，通常3年の計画としてもたれる総合計画であり，戦略実施に向けて，3年の計画期間における長期目標をまず設定し，戦略実施と長期目標の実現に対してキーとなる（　a　）を洗い出し，長期目標の実現と（　a　）の解決に向けて（　b　）計画上のプロジェクトの代替案を探索・評価・選択し，これを総合するプロセスである。経営環境の不確実性に対処するため，長期経営計画は（　c　）方式または前進方式で設定される。

(2)　（　a　）を洗い出すため，（　d　）分析が行われる。また，（　a　）を解決するための具体的な代替案の探索にあたっては，現状と長期目標との（　e　）分析が行われる。

第**7**章

設備投資計画

学習のポイント

本章では，意思決定アプローチにより，設備投資計画，特に設備投資案の経済性評価について述べる。本章における学習の目標は，次の3点を理解することである。

(1) 設備投資の経済性評価にあたって，キャッシュフローと貨幣の時間価値を考慮しなければならないこと。

(2) (1)の要件を考慮するため，将来のキャッシュフローを現在時点の価値つまり現価に割り引くDCF法が使われること。正味現価法や内部利益率法などが知られている。

(3) 資本コストは，資本を投下する際に，企業がどれだけのリターンを求められているのかに応じて決まること。

§1 設備投資計画と管理会計

1■ 設備投資案の経済性評価に管理会計情報を利用する

第6章「長期経営計画」で述べたように，設備投資計画は長期経営計画の重要な要素である。個別構造計画に関する意思決定に焦点を当てて設備投資計画を考えると，第3章「意思決定アプローチの方法」で述べたように，①問題の認識・分析，②代替案の探索，③代替案の評価，④代替案の選択のステップを説明しなければならない。このうち，前章では，SWOT分析とギャップ分析

が問題の認識・分析や代替案の探索に適用されることを説明した。そこで，本章では，意思決定アプローチにより，特に代替案の評価に焦点を絞って設備投資計画を解説する。

ただし，長期経営計画のプロセス以外においても，設備投資の問題が生じる。長期経営計画に織り込まれる設備投資案は，前章で述べたように，投資規模等を概算的に決めてはいる。しかし，設備投資の実行前には設備の規格など詳細を詰めなければならない。このときにも，規格等の代替案を探索したのちに，代替案の評価・選択問題が発生する。さらに，経営環境への対処上，長期経営計画に織り込まれていない設備投資案が浮上することもある。本章では，これらの場合を含めて，設備投資案の評価を解説する。

以下では，設備投資案の経済的効果の評価（経済性評価）に的を絞る。最終の代替案の選択では，代替案の経済的効果をはじめとした計数的評価に質的な評価（たとえば競合他社への対抗を優先する等）を加味して，経営管理者が最終的な判断を下す。

2■ 経済性評価の要件を理解する

(1) キャッシュフロー

最初に，経済性評価にあたって考慮すべき点を説明する。経済性評価の方法は経済性計算といわれるが，経済性計算に組み込まなければならない2つの要件がある。その第1はキャッシュフロー（cash flow）である。これに対立する概念はインカムフロー（income flow）と呼ばれる。インカムつまり利益はあくまでも期間計算上の概念である。財務会計では，企業の業績を人為的に期間を区切って計算している。この結果，経営活動のために投入した資源の原価を期間配分して利益を計算することになる。設備投資に関連していうと，期間計算では，設備への当初投資額は全耐用年数にわたって減価償却される。つまり，当初投資額（取得原価）は各年度に減価償却費として期間配分される。

しかしながら，設備投資案の経済性計算にあたっては，年度別の採算性ではなく，経済命数（設備を経済的に使用可能な期間）の全体における経済性を評

価すればよい。期間計算の必要はないのである。したがって，設備への当初投資額は投資時点におけるキャッシュアウトフロー（現金流出額）として，そのまま捉えればよい。設備投資による利益の増加や原価節減といった差額の効果もキャッシュインフロー（現金流入額）として把握すればよい。利益の増加に関わるキャッシュインフローは，売上収入から現金支出を伴うコストを差し引いたネットの現金流入額ということになる。

　このように，経済性計算の第1の要件はキャッシュフローであるが，税金の作用を考慮すると，減価償却費はキャッシュフローに影響を与える。もちろん，これはインカムフローに基づく経済性計算の方法が妥当であるという意味ではない。インカムフローに対して課税される結果，インカムフローの要素である減価償却費が，キャッシュアウトフローを伴う税金に作用するからである。

[問題1]

　B社では，P機械を3年前に購入した。その残存耐用年数（経済命数）は5年で，減価償却費は定額法で年13百万円，残存価額は0円，現在の正味売却価値は0円である。新機械Qへの取替えを検討中である。その取得価額は75百万円，耐用年数は5年，残存価額は0円である。新機械に取り替えると，年間10,000時間の作業時間を節減できる。直接工賃金は変動費で，時給は800円である。新機械に取り替えた場合の第2年度のキャッシュフローを計算しなさい。ただし，税率は50％とする。

[解答]

		インカムフロー	キャッシュフロー
直接労務費節減額		8,000,000	8,000,000
減価償却費の増加			
新機械の減価償却費	15,000,000		
旧機械の減価償却費	13,000,000	2,000,000	
税引前利益の増加		6,000,000	
法人税の増加		3,000,000	3,000,000
税引後利益の増加		3,000,000	
キャッシュフローの増加			5,000,000

　キャッシュフローの増加額は5,000,000円である。

[解説]

　直接労務費節減によるインカムフローとキャッシュフローの増加額は800円×10,000＝8,000,000円である。減価償却費は，その計上期間にキャッシュフローを伴わない。したがって，減価償却費はインカムフローの計算において税引前利益の増加を計算する際に控除項目となっているが，キャッシュフローの計算には無関連である。しかし，税引前利益が増加すると法人税が増加し，これがキャッシュフローを伴うため，３百万円がキャッシュフローの計算において控除されている。

⑵　貨幣の時間価値

　設備投資案の経済性計算における第２の要件は設備投資計画にあたって考慮しなければならない期間が長いことから導かれる。これが長くなると，同じ金額のキャッシュフローであっても，そのタイミングが異なると，等価とはいえなくなる。同じ金額でも，現在のキャッシュフローのほうが将来のキャッシュフローよりも高価値と考えられる。これを**貨幣の時間価値**（time value of money）という。

　第１に，現在のキャッシュフローは再投資することができる。したがって，現在のキャッシュフローは，将来の同金額のキャッシュフローと比較して，再投資によって追加のキャッシュフローが生じる分だけ価値が高いといえる。第２に，将来のキャッシュフローは現在のキャッシュフローと比べて，リスクが高い。将来のキャッシュフローほど，不確実で，損失のリスクが高いと考えられるからである。このように，再投資とリスクの２つにより，貨幣の時間価値が設備投資案の経済性計算の要件とされる。

　それでは，貨幣の時間価値はどのように考慮されるのか。キャッシュフローのタイミングがその経済的価値を規定するので，比較の時点を揃えればよい。現在時点に揃えるのが通常である。この場合に計算される価値が**現価**（present

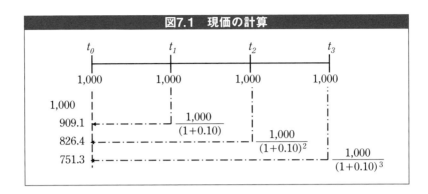

図7.1　現価の計算

value）または現在価値と呼ばれる。これは将来のキャッシュフローの現在時点における価値である。これを計算するには，将来におけるキャッシュフローを現在時点まで割り引けばよい。これは元利合計と逆の計算である。

　割引計算に使われる利率は割引率と呼ばれる。いまこれを10％とすると，第1年度末 t_1 における1,000円のキャッシュフローは，**図7.1**に示したように，現在時点まで1年間割り引かれ，1,000円 $/(1+0.10)=909.1$ 円となる。この計算は電卓アプリで簡単に行うことができるが，**表7.1**の複利現価表を使うこともできる。

　表における $1/(1+r)^n$ は，割引率が r のときの第 n 年度末におけるキャッシュフロー1円の現価を示している。1,000円 $/(1+0.10)$ を求めるには，r が10％の列の $n=1$ のときの数値0.9091を読み取り，これに1,000円を掛ければよい。

　同様に，第2年度末 t_2 の1,000円のキャッシュフローは，**図7.1**から分かるように，2年分10％の利率で割り引かれ，1,000円 $/(1+0.10)^2$ となる。この計算に複利現価表を使うと，10％の割引率の列の $n=2$ の数値0.8264に1,000円を掛けて826.4円となる。第3年度末 t_3 の1,000円のキャッシュフローは，現在時点までに3年間割り引くことになるので，現価は1,000円 $/(1+0.10)^3$ になる。**表7.1**において，割引率10％の列の $n=3$ のときの数値0.7513に1,000円を掛けると，751.3の現価を計算できる。

表7.1　複利現価表

複利現価表

$$\frac{1}{(1+r)^n}$$

$n\backslash r$	1 %	2 %	3 %	4 %	5 %	6 %	7 %	8 %	9 %	10%
1	0.9901	0.9804	0.9709	0.9615	0.9524	0.9434	0.9346	0.9259	0.9174	0.9091
2	0.9803	0.9612	0.9426	0.9246	0.9070	0.8900	0.8734	0.8573	0.8417	0.8264
3	0.9706	0.9423	0.9151	0.8890	0.8638	0.8396	0.8163	0.7938	0.7722	0.7513
4	0.9610	0.9238	0.8885	0.8548	0.8227	0.7921	0.7629	0.7350	0.7084	0.6830
5	0.9515	0.9057	0.8626	0.8219	0.7835	0.7473	0.7130	0.6806	0.6499	0.6209
6	0.9420	0.8880	0.8375	0.7903	0.7462	0.7050	0.6663	0.6302	0.5963	0.5645
7	0.9327	0.8706	0.8131	0.7599	0.7107	0.6651	0.6227	0.5835	0.5470	0.5132
8	0.9235	0.8535	0.7894	0.7307	0.6768	0.6274	0.5820	0.5403	0.5019	0.4665
9	0.9143	0.8368	0.7664	0.7026	0.6446	0.5919	0.5439	0.5002	0.4604	0.4241
10	0.9053	0.8203	0.7441	0.6756	0.6139	0.5584	0.5083	0.4632	0.4224	0.3855
11	0.8963	0.8043	0.7224	0.6496	0.5847	0.5268	0.4751	0.4289	0.3875	0.3505
12	0.8874	0.7885	0.7014	0.6246	0.5568	0.4970	0.4440	0.3971	0.3555	0.3186
13	0.8787	0.7730	0.6810	0.6006	0.5303	0.4688	0.4150	0.3677	0.3262	0.2897
14	0.8700	0.7579	0.6611	0.5775	0.5051	0.4423	0.3878	0.3405	0.2992	0.2633
15	0.8613	0.7430	0.6419	0.5553	0.4810	0.4173	0.3624	0.3152	0.2745	0.2394

$n\backslash r$	11%	12%	13%	14%	15%	16%	17%	18%	19%	20%
1	0.9009	0.8929	0.8850	0.8772	0.8696	0.8621	0.8547	0.8475	0.8403	0.8333
2	0.8116	0.7972	0.7831	0.7695	0.7561	0.7432	0.7305	0.7182	0.7062	0.6944
3	0.7312	0.7118	0.6931	0.6750	0.6575	0.6407	0.6244	0.6086	0.5934	0.5787
4	0.6587	0.6355	0.6133	0.5921	0.5718	0.5523	0.5337	0.5158	0.4987	0.4823
5	0.5935	0.5674	0.5428	0.5194	0.4972	0.4761	0.4561	0.4371	0.4190	0.4019
6	0.5346	0.5066	0.4803	0.4556	0.4323	0.4104	0.3898	0.3704	0.3521	0.3349
7	0.4817	0.4523	0.4251	0.3996	0.3759	0.3538	0.3332	0.3139	0.2959	0.2791
8	0.4339	0.4039	0.3762	0.3506	0.3269	0.3050	0.2848	0.2660	0.2487	0.2326
9	0.3909	0.3606	0.3329	0.3075	0.2843	0.2630	0.2434	0.2255	0.2090	0.1938
10	0.3522	0.3220	0.2646	0.2697	0.2472	0.2267	0.2080	0.1911	0.1756	0.1615
11	0.3173	0.2875	0.2607	0.2366	02149	0.1954	0.1778	0.1619	0.1476	0.1346
12	0.2858	0.2567	0.2307	0.2076	0.1869	0.1685	0.1520	0.1372	0.1240	0.1122
13	0.2575	0.2292	0.2042	0.1821	0.1625	0.1452	0.1299	0.1163	0.1042	0.0935
14	0.2320	0.2046	0.1807	0.1597	0.1413	0.1252	0.1110	0.0985	0.0876	0.0779
15	0.2090	0.1827	0.1599	0.1401	0.1229	0.1079	0.0949	0.0835	0.0736	0.0649

§2　経済性計算の方法

1■　会計利益率法と回収期間法を適用する

⑴　会計利益率法

以上，経済性計算の要件を述べたので，次に経済性計算の方法を説明する。なお，以下では，説明の単純化のため，税金の影響を考えないことにする。

まず，**会計利益率法**と呼ばれる方法がある。**会計利益率**（ARR, accounting rate of return）は次のように計算される。この方法では，あらかじめ設定しておいた目標利益率以上の投資案を経済的に有利と判断する。

$$会計利益率 = \frac{平均会計利益}{平均正味簿価} \times 100$$

[問題2]

投資案 A の当年度期首における当初投資額は2,100千円，その経済命数は3年である。投資による各年度のキャッシュインフローの増加額は第1年度800千円，第2年度1,200千円，第3年度1,000千円であるが，これは期末に生じると仮定する。また，第3年度末の残存価額はゼロとする。会計利益率を計算しなさい。ただし，計算にあたって生じる端数は小数点以下2位未満を四捨五入するものとする。

[解答]

　　　平均正味簿価　（2,100千円＋0千円）÷2＝1,050千円

当初の正味簿価と第3年度末の正味簿価との平均である。

　　　平均会計利益　（800千円＋1,200千円＋1,000千円－2,100千円）÷3

　　　　　　　　　　＝300千円

各年度末のキャッシュインフローの合計から当初投資額を引くと，3年

間の会計利益の合計が計算できる。これを3で割れば，平均会計利益を計算できる。

　　会 計 利 益 率　　$300 \div 1,050 \times 100 = 28.57\%$

会計利益率法は実務ではよく使われているというが，経済性計算の要件からいうと，問題点がある。キャッシュフローではなく，インカムフローをベースにしているし，貨幣の時間価値も考慮していないからである。

⑵　回収期間法

経済性計算の第2の方法として知られているのは**回収期間法**である。**回収期間**（payback period）とは当初投資額を回収するのに必要な期間をいう。回収期間法では，回収期間の目標をあらかじめ設定しておき，この目標以下の回収期間の投資案を採択と判断する。

［問題3］
　　［問題2］における代替案Aの回収期間を求めなさい。
［解答］
　　当初投資額の2,100千円はその年度に800千円，第2年度に1,200千円回収できる。第2年度末における未回収額は2,100千円 −（800千円 + 1,200千円）= 100千円で，これを第3年度のキャッシュフロー 1,000千円から回収することになる。第3年度の$100 \div 1,000 = 0.1$の時点で回収が終わるので，回収期間は2.1年である。

回収期間法は，キャッシュフローをベースにしているものの，貨幣の時間価値を考慮していない点で問題点が指摘されている（時間価値を加味した方法も知られている）。また，回収期間は，流動性の尺度であるとしても，経済性の指標なのかという問題がある。早く回収できることは財務的に安全であっても，回収後のキャッシュフローが無視されているからである。

　ただし，早く回収できるということは単に安全だけではなく，経済性が高い可能性もある。それは，経済命数がほぼ同じであることを前提にすると，回収後のキャッシュインフローが急激に減少しないかぎり，早く確実に回収しておけば，回収後もキャッシュインフローを期待できるからである。このことが実務において回収期間法がよく利用されている大きな理由の1つである。

2■ DCF 法を適用する

⑴　正味現価法

　以下で述べる正味現価法と内部利益率法は，キャッシュフローに基づき，しかも割引計算を伴う点で，経済性計算の要件を満たしている。このため，この2つの方法は DCF 法（discounted cash flow method）と総称される。

　正味現価法では，キャッシュインフローの現価とキャッシュアウトフローの現価の差額つまり正味現価（NPV, net present value）を計算し，これがプラスであれば，投資案を採択と判定する。

　この計算にあたって，割引率として**資本コスト**（cost of capital）が使われる。資本コストについては本章の§3で説明する。とりあえず投資案に投下する資本のコストと理解しておけばよい。資本のコストを少なくても回収する必要があるため，将来のキャッシュフローが資本コストに相当する利率で割り引かれるのである。

　第1年度の期首 t_0 でのみ資本が投下され，またキャッシュインフローが各年度末に生じると仮定すると，正味現価（*NPV*）は，

$$NPV = \sum_{z=1}^{n} \frac{R_z}{(1+r)^z} - I_0$$

$$= \frac{R_1}{(1+r)} + \frac{R_2}{(1+r)^2} + \frac{R_3}{(1+r)^3} + \cdots + \frac{R_{n-1}}{(1+r)^{n-1}} + \frac{R_n}{(1+r)^n} - I_0$$

　　n: 経済命数　　　r: 資本コスト
　　I_0: 第1年度期首 t_0 における当初投資額
　　R_z: 第 z 年度末 t_z のキャッシュインフロー（$z = 1, 2, \cdots, n$）

［問題４］

　［問題２］の投資案の経済性を正味現価法により評価しなさい。資本コストは10％とする。

［**解答**］

　図7.2に示したように，各年度末のキャッシュインフローを第１年度期首 t_0 まで10％の資本コストで割り引き，この合計から当初投資額2,100千円を差し引くと，正味現価は370.26千円となる（**表**7.1の複利現価表を使って計算しているため，端数の処理による誤差が生じている）。正味現価がプラスであるため，この投資案は経済的に有利と評価できる。

図7.2　投資案の正味現価の計算

(2)　内部利益率法

　次に，**内部利益率法**を説明する。**内部利益率**（IRR, internal rate of return）とは，正味現価がゼロとなる利益率（投資の利回り）をいう。つまり，内部利益率とは，当初投資額が，どれだけの利益率で将来のキャッシュフローを生み出すかを示している。次式を満たす割引率が内部利益率であり，この利益率が資本コストより大きい場合，投資案が経済的に有利と評価される。資本コストが**棄却率**となるのである。

$$\sum_{z=1}^{n}\frac{R_z}{(1+i)^z} - I_0 = 0$$

$$\frac{R_1}{(1+i)} + \frac{R_2}{(1+i)^2} + \frac{R_3}{(1+i)^3} + \cdots + \frac{R_{n-1}}{(1+i)^{n-1}} + \frac{R_n}{(1+i)^n} - I_0 = 0$$

i：内部利益率
その他の記号は正味現価法の場合と同じ

かつてはn次元方程式を解くのが困難なことなどが問題点とされたが，現在ではパソコンのスプレッドシート・ソフトでも容易に解くことができる。

[問題5]
　[問題2]の投資案の経済性を内部利益率法により評価しなさい。資本コストは10％とする。
[解答]
　内部利益率の公式により，スプレッドシートを使って計算すると，内部利益率は19.38％となる。これは資本コストの10％より大きいので，投資案は経済的に有利と判断できる。

---

(3)　正味現価法と内部利益率法の比較

　正味現価法と内部利益率法は，経済性計算の2つの要件つまりキャッシュフローと貨幣の時間価値を満たしている。では，その違いは何であろうか。[問題4]と[問題5]を比較するかぎり，2つの方法で代替案の評価に差がない。これは偶然ではなく，投資が第1年度の期首にだけ行われるという状況では，個別の代替案の評価は2つの方法で同じである。

　図7.3を使って説明しよう。縦軸に正味現価，横軸に割引率をとると，正味現価曲線は，当初にだけ投資が行われるという前提のもとでは，単純に右下がりである。割引率が高いほど，正味現価が小さくなるからである。図7.3に示した代替案1と代替案2の場合，資本コストrで割り引いた正味現価NPV_1と

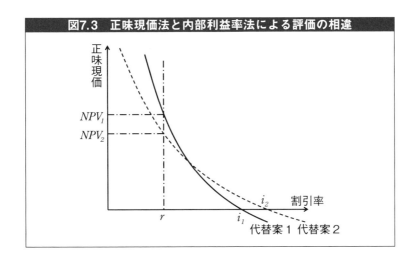

図7.3　正味現価法と内部利益率法による評価の相違

NPV_2 はともにプラスで，正味現価法では 2 つの代替案とも有利と評価される。

　資本コスト r より割引率が大きくなると，プラスの正味現価は徐々に小さくなる。正味現価曲線はやがて横軸と交わる。この点で正味現価がゼロになるから，交点の横軸座標が代替案 1 と代替案 2 の内部利益率 i_1 と i_2 になる。このとき，正味現価 NPV_1 と NPV_2 はともにプラスで，しかも正味現価曲線が単純に右下がりであるから，正味現価がゼロになる割引率つまり内部利益率 i_1 と i_2 は資本コストより大きいことになる。したがって，内部利益率法においても，正味現価法と同じく，2 つの代替案は経済的に有利と評価される。

　しかし，2 つ以上の代替案がある状況で，そのすべてを選択できないため代替案の順位づけを行わなければならない場合を考えると，事情が異なる。順位づけの必要が生じるのは，第 1 に資源が希少で，すべての代替案に資源を配分できないためである。第 2 に，同一資源，たとえば土地の利用法を考えると，その代替案は相互排他的で，1 つしか選択できない。どちらの場合にも代替案の順位づけが求められる。

　順位づけを行う場合，2 つの方法で異なった結論が得られることがある。**図7.3**をみると，正味現価法では，NPV_1 が NPV_2 より大きいので，代替案 1 のほうが有利と評価される。これに対して，内部利益率法では，i_2 が i_1 より大

きいので，代替案2が有利ということになる。

　それでは，なぜこのような相違が生まれるのであろうか。これは割引率が異なるためである。正味現価法では，キャッシュフローを資本コストで割り引くが，これは貨幣の時間価値を資本コストと考えているためである。これに対して，内部利益率法では，貨幣の時間価値を内部利益率とし，キャッシュフローをこの利益率で割り引いている。つまり，再投資やリスクの評価が正味現価法と内部利益率法では異なるのである。どちらの方法が妥当かに関して，大論争が行われたが，決定的な結論には至らなかった。

§3　資本コスト

1■　資本コストとは

　次に，資本コストはどのように評価されるのか。会計学上，資本といえば，貸借対照表の貸方の概念であることもあれば，また借方の概念であることもある。第6章では使用資本利益率の概念を使ったが，これは借方の「資本の使途」を指していた。しかし，資本コストでいう資本は貸方の「資本の源泉」の概念である。源泉でいうと，金融機関からの借入金，社債発行により調達した社債などの負債が他人資本と呼ばれる。他方，株式発行により調達したり，内部留保したりした株主資本を主とした源泉が純資産である。このように，「資本の源泉」で捉えると，資本コストは資本調達のコストということになる。

　資本コストは調達側の企業からみるとコストであるが，資本提供者の観点では期待するリターンである。つまり，「企業の資本コスト」と「資本提供者が企業に期待するリターン」とは表裏一体の関係にある。したがって，企業は，資本提供者が期待するリターンに応えるだけの資本コストを設備投資や事業活動に際して考慮しなければならないといえる。

　資本の源泉別に観察することにしよう。まず，負債について述べると，金融機関からの借入金については，利子率の目安が存在する。しかし，企業の利益

が不確実であったり，その変動幅が大きくなったりして，リスクが高くなると，金融機関はリスクに見合うリターンを求める。以上は，社債についても同じである。これを企業の視点でみると，借入金や社債などの資本提供者が期待するリターンが**負債の資本コスト**となる。もっとも，負債の場合は，そのコストは利子率に表れているので，負債の資本コストの評価は簡単である。

2■ 株主資本コストを考える

これに対して，**株主資本コスト**の場合，その評価は複雑である。ただ，株主がリスクに見合うリターンを期待していて，この期待リターンが企業からみて資本コストであることは負債の資本コストの場合と異なることはない。リスクフリーな証券（たとえば国債）の利率を超えて株主が企業に期待するリターンは**リスクプレミアム**と呼ばれる。**CAPM**（capital asset pricing model）では，リスクプレミアムが想定された上で，株主資本コストは次式で示される。

株主資本コスト＝リスクフリーの利率
　　　　　　　　＋ β ×（証券市場の期待リターン－リスクフリーの利率）

β ×（証券市場の期待リターン－リスクフリーの利率）は，リスクフリーの利率を超えて株主が企業に求めるリスクプレミアムである。まず，（証券市場の期待リターン－リスクフリーの利率）の意味から考えることにしよう。株主は，証券市場においてさまざまな株式に投資することができる。しかし，株式投資はリスクを伴うため，リスクを分散したとしても，証券市場におけるポートフォリオにもリスクが存在する。そこで，証券市場におけるポートフォリオのリスクプレミアムが（証券市場の期待リターン－リスクフリーの利率）に示される。

証券市場におけるポートフォリオのこのようなリスクプレミアムに対して，β （ベータ）は個別株式のリスクを表現していると考えてよい。β は非負の値をとり，これがゼロの場合，リスクプレミアムはゼロで，資本コストはリスクフリーの利率となる。この値が大きくなると，株主が企業に要求するリスクプ

レミアムは大きくなり，株主資本コストが上昇する。β が１までは，証券市場のポートフォリオよりもリスクプレミアムは小さい。β が１を超えると，証券市場のポートフォリオよりもリスクプレミアムが大きくなる。

　最後に企業の総資本コストは，負債の資本コストと株主資本コストの**加重平均資本コスト**（WACC, weighted average cost of capital）として計算されることを述べておこう。すなわち，総資本コストは，総資本に占める負債の割合（負債総資本比率）と総資本に占める株主資本の割合（株主資本比率）をそれぞれ負債の資本コスト，株主資本コストに掛けた和である。

$$総資本コスト = \frac{負債}{負債+株主資本} \times 負債の資本コスト$$
$$+ \frac{株主資本}{負債+株主資本} \times 株主資本コスト$$

第7章　練習問題

設問１　a～eの空欄を適切な用語で補いなさい。
　(1)　設備投資の経済性評価にあたって，キャッシュフローと貨幣の（　a　）を考慮しなければならない。この２つの要件を満たす経済性計算の方法が（　b　）と総称される。正味現価法と（　c　）がある。
　(2)　企業における資本調達のコストである資本コストは，資本提供者が企業に期待するリターンによって決まる。リスクフリーの利率を超えて資本提供者が企業に要求するリターンは（　d　）と呼ばれる。企業の総資本コストは負債の資本コストと株主資本コストの（　e　）となる。

設問２　初年度の期首の投資額が3,200千円の投資案がある。その経済命数は３年で，各年度において1,520千円，1,000千円，1,000千円のキャッシュフローが期待されている。この投資案の(1)会計利益率，(2)回収期間，(3)正味現価の３つを計算しなさい。正味現価の計算にあたっては，各年度のキャッシュフローが年度末に生じるものと仮定し，表7.1の複利現価表を用いること。資本コストは５％であるとする。

より進んだ学習のために

資本コストについては，次の文献を参照されたい。

砂川伸幸『コーポレート・ファイナンス入門〔第 2 版〕』日本経済新聞社（日経文庫），
　　2017年

第**8**章

利益計画

学習のポイント

本章では，短期の PDCA サイクルである利益管理について述べたのち，予算編成方針を設定するための利益計画を解説する。本章での学習の目標は以下の3点を理解することである。

(1) 利益管理とは何か。また，そのプロセスにおいて，利益計画がなぜ必要なのか。

(2) 利益計画と予算編成のプロセスに部門がどのように関与するのか。

(3) 損益分岐分析などの CVP 関係の分析が利益計画にどのように使われるのか。

§1 利益管理と利益計画

1■ 利益管理とは

(1) 責任と資源の割付け

　本章と次章「予算管理」では，マネジメントコントロールにおける基本のPDCA サイクルのうち，利益計画以下のプロセスつまり利益管理を取り上げる。

　利益管理の第1の意義は，予算編成以下の予算管理についてまず説明すると，年間の予算編成において，部門に責任と資源を割り付けることに認められる。長期経営計画によって，戦略実施に向けて，3年の計画期間における企業活動が長期の視点で大枠として計画される。しかし，これはただちに実行に移せな

い。実行するには，企業活動に関連したさまざまな部門に責任と責任遂行に必要な資源を割り付けなければならない。実際に企業活動を担うのはさまざまな部門における組織成員であり，この成員を指揮するのは部門管理者であるからである。

　設備投資を具体例として考える。長期目標や戦略課題を勘案して，設備投資計画において設備投資の概要や投資規模が概算的に決定される。その後，設備の規格や工事日程などが決められる。しかし，設備の調達や工事などに関連した部門にそれぞれの責任を割り付けるとともに，予算期間の資金などの資源を割り付けないと，設備投資は実行できない。

　責任と資源の割付けは予算編成によって行われるが，責任は売上高予算，製造高予算など財務数字で示される。また，割り付けられるヒト・モノ・カネ・情報の資源も財務数字で表される。労務費予算，消耗費予算，広告宣伝費予算などである。

(2) 部門への働きかけ

　利益管理の第2の意義はPDCAのDCAにある。予算が編成され，これが部門に示達され，予算の執行つまり運用ステップに入ると，予算を指針として業務が行われる(D)。そして，たとえば月次に予算実績比較により部門業績が測定される。この業績測定は，**図8.1**に示したように，予算差異分析につながり，予算差異の原因調査を行うことにより，各部門は予算の達成に向けて是正のアクションをとる。業績測定によって，予算の達成を部門に働きかけているのである。

　また，予算差異が大きくなると，第4章で説明したように，**例外管理**により上司が介入する。部下からヒアリングを行ったり，アクションを指示したりすることもある。部下も自らのアクションを上司に提示するなど，相互に働きかけを行う。このようにして，利益管理は予算の達成に向けて日々の業務活動を管理するシステムとなっている。

　しかも，このシステムは，基本のPDCAサイクルの一環として，第1章の

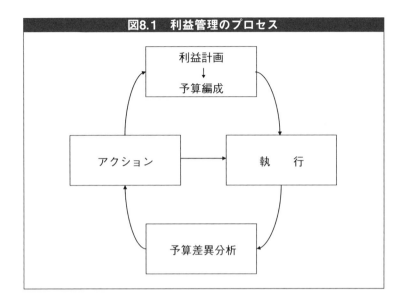

図8.1 利益管理のプロセス

図1.2で示したように，長期経営計画と利益計画を介して長期目的と経営戦略につながっている。つまり，利益管理は，日常業務に関わったシステムであるとはいえ，基本の PDCA サイクル全体では戦略実施のシステムである。長期目的や経営戦略は，基本の PDCA サイクルにおいて徐々に具体化されていくが，逆にいうと，利益管理に結びつけないと戦略を実施できないといってよい。

　以上の説明を踏まえた上で，定義を先に示しておく。**利益管理**とは，長期経営計画を指針として利益計画を予算編成方針のベースとして設定し，各部門に責任とその責任遂行に必要な資源を財務数字で割り付けて予算を編成するとともに，PDCA サイクルを回すことにより，戦略実施を図る管理活動をいう。

　利益管理に対しては，主に業績管理アプローチをとる。戦略実施に向けて，責任と資源をどのように割り付けるのか，また PDCA サイクルをどのように回して部門に働きかけるのかは，まさに部門の統合の問題である。

2■　利益計画がなぜ必要なのか

⑴　長期経営計画との関係

　次に，上の定義における利益計画の意義を考えてみよう。図8.1に示したように，利益計画は利益管理の第1ステップであり，業績管理上，予算編成方針を設定するために行われる。部門に責任と資源を割り付けるには，何らかの方針が必要とされるのである。

　利益計画は企業における短期の総合計画である。総合計画ということは，第1に，企業のすべての業務活動を網羅した計画であること，第2に，これらの活動を短期の目標，特に短期利益目標達成の観点から総合調整した計画であることを意味している。このように総合調整してから，予算編成方針を設定する。

　ここで，利益計画がなくても，長期経営計画をベースに予算編成方針が設定できるのではないかという疑問が生じるかもしれない。たしかに，長期経営計画も総合計画であるし，3年における長期目標，戦略課題や主要個別構造計画と並んで，3年の長期利益計画が年度別に示されるのが通常である。しかしながら，これはあくまでも長期計画であり，3年における企業活動を長期的・大枠的に設定したものである。長期経営計画は，年度の業務計画ではないので，予算編成における部門の責任と資源の割付けの方針として機能することは意図されていない。そこで，長期経営計画を指針として，利益計画を設定したのち，これをベースに予算編成方針を立てることが求められる。

⑵　予算編成との関係

　利益計画の意義については，予算編成との関係も考えなければならない。予算は下位の部門から積み上げてボトムアップで編成するのが通常である。予算は日常業務のガイドラインとして機能するので，これをトップダウンで編成したのでは現場から遊離してしまう。しかしながら，第1に，予算編成に対して明確な方針があらかじめ設定されていなければ，ボトムアップで編成された予算が成行的になってしまうおそれがある。

　第2に，予算編成方針を設定しないで，各部門がバラバラに予算案を作成すると，各部門間の調整がまったくとれない。このため，全社予算に総合するには，本社と部門との間で予算案のすり合わせを何回も繰り返す必要が生じ，全社予算への総合調整に多大の時間とコストがかかってしまう。以上の2つの理由から，予算編成に先立って，利益計画を立てた上で，明確な予算編成方針を業績管理上設定しておかなければならない。

3■　利益目標を設定する

　それでは，利益計画において，利益目標はどのように設定されるのか。長期経営計画で述べたのと同様，利益目標は，次の1つまたは複数の指標で設定される。利益額，使用資本利益率と売上高利益率の3つである。

§2　利益管理における部門の関与

1■　集権的設定プロセスにおける部門の働きかけ

　次に，利益計画と予算編成のプロセスを部門の関与を中心に説明する。このとき，利益計画を集権的に設定するのか，それとも分権的に設定するのかに応じて，2つのプロセスを区別できる。集権的設定プロセスと分権的設定プロセスである。

　集権的設定プロセスでは，図8.2の上側に示したように，全社長期経営計画に基づいて，利益計画上の利益目標が本社で集権的に設定される。とはいっても，この②のステップでは，職能部門の環境や状況についてヒアリングが行われる。つまり，本社と部門間で相互に働きかけが行われるのである。

　利益目標が設定されると，この目標達成に必要な売上高（販売量と販売価格），セールズミックス（売上品構成比），原価低減などを本社で検討して全社利益計画を集権的に設定する。これが図8.2における③のステップである。このステップでは，利益目標達成に必要なアクションプログラムを組む上で現場

の情報が必要不可欠であるため，職能部門からのヒアリングが重要となる。他方，部門は，このヒアリングのなかで，自らの案を提示し，その採択を働きかける。

　利益計画が設定されると，これに基づいて予算編成方針が本社で設定され，職能部門に示達される（**図8.2**の④）。予算編成方針に織り込まれる事項は，目標利益，売上目標，価格方針，セールズミックスに関する方針，原価低減目標などである。

　予算編成方針の設定・示達が終わると，⑤のステップにおける部門予算案の編成は，予算編成方針を指針としてミドルアップで行われる。そして，部門予算案が予算編成方針に合致しているかどうかが本社でチェックされた上で，全社予算案に集約される。予算編成方針に合致していない場合，または全社予算案が目標未達の場合，本社と職能部門の間で相互に働きかけながらすり合わせを行って，部門予算案が修正される。

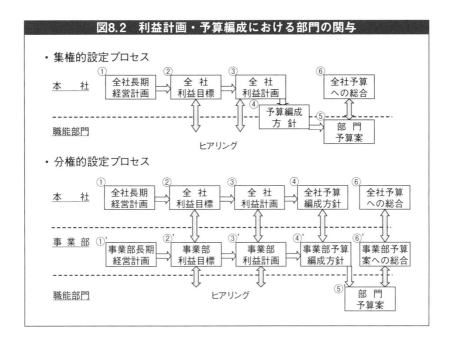

図8.2　利益計画・予算編成における部門の関与

2■　分権的設定プロセスにおける部門の働きかけ

　分権的設定プロセスを次に説明する。**図8.2**の下側をみると，さまざまなステップにおいて，本社と事業部，さらには事業部内の職能部門との間でヒアリングやすり合わせが行われている。このような相互の働きかけを重ねて，全社と事業部の利益計画と予算が立てられている。②のステップにおいて，全社利益目標が全社長期経営計画に基づいて設定されている。この目標は②'の事業部利益目標とすり合わせて設定される。

　続いて，事業部では，③'のステップにおいて，事業部内の職能部門とヒアリングを重ねて事業部利益計画を分権的に設定する。この事業部利益計画案は本社とのすり合わせを経て，③のステップにおいて全社利益計画に集約される。その後，全社利益計画と事業部利益計画に基づいて，全社および事業部の予算編成方針が設定される。

　予算編成方針に基づいて⑤'のステップにおいてボトムアップにより部門予算案を取りまとめるのは事業部内の職能部門である。事業部では，職能部門とすり合わせを繰り返すことによって，部門予算案を事業部予算案に取りまとめる。最後に，本社が事業部とすり合わせて，この事業部予算案を本社部門の予算と合せて全社予算に総合調整する。

§3　CVP 関係の分析

1■　利益構造を分析する：損益分岐分析

(1)　損益分岐図表

　§3と§4では，意志決定アプローチにより利益計画における分析法を解説する。利益目標が設定されると，この目標達成のために，販売量，販売価格，セールズミックス，原価低減などを検討して利益計画を設定する。このときに使われる分析法を総称して **CVP 関係の分析**（analysis of cost-volume-profit

relationship）という。利益計画を設定するため，原価（cost）－売上高（volume）
－利益（profit）の関係が分析されるからである。なお，volume は第2章でも
述べたように，生産量，直接作業時間や機械運転時間などを含む概念であり，
営業量と訳されたりもする。ここでは，販売量や特に売上高を指している。

　CVP 関係の分析で最も知られているのは**損益分岐分析**（breakeven analysis）
であり，この分析に用いられる図表が**損益分岐図表**（breakeven chart）である。
この分析や図表は，もともとは経営分析のために生成した伝統的方法であるが，
利益計画上の CVP 関係の分析にも使うことができる。

　損益分岐図表では，**図8.3**に示したように，正方形の横軸に売上高，縦軸に
売上高と原価がとられる。したがって，正方形の対角線が売上高を示す売上高
線となる。損益分岐分析では，原価は固定費と変動費に区別される。第2章で
説明したように，固定費は売上高（一般的には営業量）が変化しても発生額が
変化しない原価である。したがって，固定費は**図8.3**において横軸に平行の線
で示される。他方，変動費は売上高に対して比例的に増減する原価である。損
益分岐図表では，固定費線の上に変動費が加算されて，原価総額を示す原価線
が引かれる。なお，原価線の傾き（勾配）は，売上高増減に伴う変動費の変化
を示している。この比率は**変動費率**と呼ばれる。変動費率は，式で示すと以下
のとおりであるが，売上高当たり変動費を指している。

$$変動費率 = \frac{変動費}{売上高} \times 100$$

　利益は売上高と原価総額との差額である。**図8.3**をみると，**損益分岐点**と示
した売上高において，売上高と原価総額が同額で，損益がゼロとなる。損益分
岐点の左側では，売上高よりも原価総額のほうが大きく，損失が出る。これに
対して，損益分岐点の右側では，原価総額よりも売上高のほうが大きく，利益
が生まれる。つまり，損益分岐点が，損失と利益の分岐点になっている。

　では，損益分岐点はどのように求められるのか。これを理解するには，第
2章で述べた**直接原価計算**による損益計算の構造を考えればよい（**図8.4**参照）。

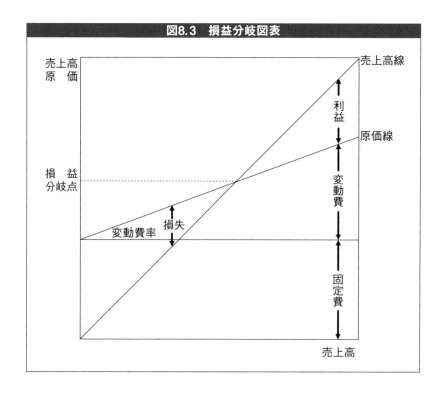

図8.3　損益分岐図表

図8.4　直接原価計算による損益計算

売　上　高
変　動　費
限　界　利　益
固　定　費
純　利　益

　この計算を上側からみると，売上高から変動費を差し引いて限界利益が計算される。これは売上高に対して比例的な利益を示している。そして，この限界利益から固定費を控除して，純利益が計算される。

　次に，**図8.4**を下側からみると，損益がゼロのとき，限界利益が固定費に等

しいことが分かる。つまり，限界利益が固定費に等しくなる売上高が損益分岐点である。そこで，売上高当たりの限界利益を示す**限界利益率**で固定費を割ると，損益分岐点が求められる。式で書くと，

$$損益分岐点 = \frac{固定費}{限界利益率}$$

限界利益率の部分を書き換えると，

$$
\begin{aligned}
限界利益率 &= \frac{限界利益}{売上高} \\
&= \frac{売上高 - 変動費}{売上高} \\
&= 1 - \frac{変動費}{売上高} \\
&= 1 - 変動費率
\end{aligned}
$$

これを上の損益分岐点の式に代入すると，よく知られている公式になる。

$$損益分岐点 = \frac{固定費}{1 - \dfrac{変動費}{売上高}}$$

[問題 1]

　X 社の今年度の売上高，変動費と固定費は，それぞれ 4,000,000円，2,400,000円，1,200,000円と見込まれている。原価構造は来年度も不変と仮定した上で，来年度の利益計画の資料として変動費率，限界利益率と損益分岐点を求めなさい。

[解答]

　変動費率は 2,400,000 ÷ 4,000,000 ＝ 60％

　限界利益率は（4,000,000 － 2,400,000）÷ 4,000,000 ＝ 40％である。

> したがって，損益分岐点の売上高は，
> 損益分岐点＝固定費÷限界利益率
> 　　　　　＝1,200,000円÷0.4
> 　　　　　＝3,000,000円

⑵　安全余裕率

　それでは，損益分岐点は利益計画上どのような意味をもっているのか。損益分岐点の位置は，原価構造，したがって利益構造の安全性を示している。この位置が現在の売上高と比べて低ければ，売上高が環境変化により急減しても，すぐには損失が生じることはないからである。さらに，損益分岐点が低いと，固定費を早く回収できるため，それだけ収益性が高くなる。

　安全性の指標としては，**安全余裕率**（**MS 比率**, margin of safety）が使われる。これは現在の売上高と損益分岐点との差，あるいはこの差を現在の売上高で割った比率で測定される。**図8.5**において，S_a は現在の売上高，B は損益分岐点，MS は安全余裕率を示している。

　　安全余裕率＝現在の売上高－損益分岐点

　　または，

$$= \frac{現在の売上高 - 損益分岐点}{現在の売上高}$$

> ［問題2］
> 　［問題1］において，X 社の来年度の売上高が今年度の売上高4,000,000円のままであると仮定すると，安全余裕率はいくらになりますか。比率で求めなさい。

［解答］

　　　安全余裕率＝（現在の売上高－損益分岐点）÷現在の売上高

　　　　　　　　＝（4,000,000－3,000,000）÷4,000,000

　　　　　　　　＝25％

売上が25％減少しても，損失に陥らないことが分かる。

　それでは，安全余裕率はどのように使われるのか。まず，企業の利益構造の安全性を示しているため，経営分析に際して，投資者による外部分析で取り上げられる。しかし，安全余裕率は管理会計における内部分析としても重要な指標である。特に，損益分岐点の位置が重要である。この位置が競合他社と比べて低ければ，利益構造の安全性だけではなく，好業績の利益構造につながる。つまり，変動費率と固定費を低減することによって，損益分岐点を下げておけば，利益も大きくなる。

　図8.5の上側は，変動費率，固定費と売上高 S_a について現状を示している。このとき，損益分岐点は B_a，安全余裕率は MS_a である。この現状に対して，(1)固定費を低減する場合と(2)変動費率を低減する場合を考える。(1)では固定費が破線で示した金額から実線まで引き下げられ，原価線もこの低減額だけ下方にスライドされている。この結果，損益分岐点は B_a から B_1 に下がり，安全余裕率も MS_1 に膨らんでいる。利益も Δp_1 だけ増えている。

　これに対して，変動費率を引き下げる場合，固定費はそのままで原価線が破線から実線へと変動費率の切り下げ分だけ下方に移動している。この結果，損益分岐点は B_2 と低くなり，安全余裕率も MS_2 に上昇している。利益も Δp_2 だけ増加している。

　このように，損益分岐点の引き下げは，安全かつ収益性の高い利益構造を生み出す上で，利益計画だけでなく，長期経営計画においても戦略的に重要である。

　長期経営計画において，損益分岐点や安全余裕率について，競合他社と相互比較したり，過年度の状況と期間比較したりすることにより，問題認識・分析を行い，利益構造を変革するための代替案の探索が始められる。

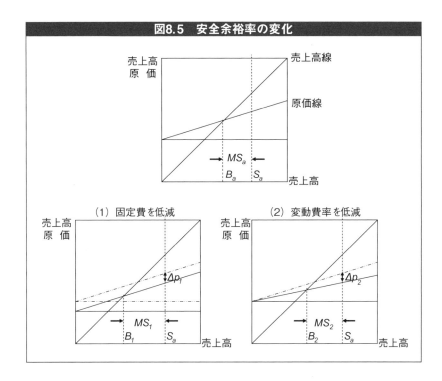

図8.5 安全余裕率の変化

2■ 利益目標達成の売上高を分析する

⑴ 損益分岐分析の拡張

　伝統的な損益分岐分析も，利益計画上，目標利益達成に必要な売上高の分析
をはじめとして，販売価格の見直し，原価の低減やセールズミックスの見直し
など，さまざまな使い道がある。

　まず，目標利益が純利益や経常利益などで設定される場合について，目標の
達成に必要な売上高を分析する。**図8.6**をみると，原価線の上に，目標利益の
金額が積み上げられ，原価線と平行に破線が引かれている。つまり，固定費に
目標利益を加算した点から，変動費率を勾配とする線が引かれている。破線を
引いた意味を考えてみよう。破線は原価線の上に目標利益を積み上げているの
で，（原価総額＋目標利益）を示している。これと売上高線との交点において，

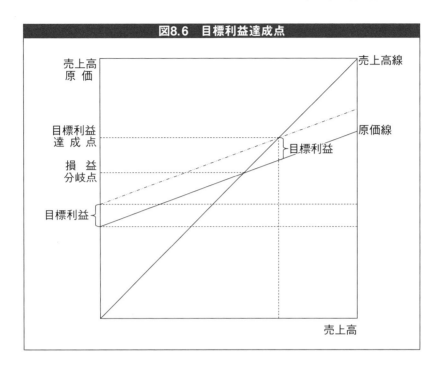

図8.6　目標利益達成点

売上高＝原価総額＋目標利益が成立し，目標利益が達成される。

　目標利益達成点の公式を導くには，**図8.4**の直接原価計算による損益計算を再度参照すればよい（図では最終の利益は純利益となっているが，目標利益が経常利益の場合，読み替えればよい）。下側から観察すると，目標利益を得るには，(固定費＋目標利益) に相当する限界利益を達成すればよい。したがって，これを限界利益率で割れば，目標利益達成に必要な売上高つまり目標利益達成点が求められる。限界利益率は，売上高当たりの限界利益を示しているからである。

$$目標利益達成点 = \frac{固定費 + 目標利益}{限界利益率}$$

限界利益率は，すでに示したように，（1 － 変動費率）であるから，

$$目標利益達成点 = \frac{固定費 + 目標利益}{1 - 変動費率}$$

　目標利益達成点はこのように計算できるが，現実にはこの売上高を達成できるとはかぎらない。この場合，販売促進によって目標利益達成点の売上を上げる方策が検討されたり，変動費率や固定費の低減が検討される。そして，これらの検討結果が利益計画に反映される。

[問題3]

　[問題1]において，X社は来年度の目標利益を450,000円に設定した。

(1) 目標利益達成点を求めなさい。

(2) 売上高が最大でも4,100,000円と見込まれる場合，目標利益達成に必要な変動費率の低減目標を求めなさい。計算にあたって生じる端数は，小数点以下2位未満を四捨五入のこと。

(3) (2)において固定費の低減によって目標利益を達成しようとする場合，その低減目標を求めなさい。

[解答]

(1) 目標利益達成点 = (固定費 + 目標利益) ÷ 限界利益率
　　　　　　　　　 = (1,200,000円 + 450,000円) ÷ 0.4
　　　　　　　　　 = 4,125,000円

(2) 固定費が1,200,000円で，目標利益が450,000円であるので，この合計1,650,000円の限界利益が必要である。この限界利益を売上高4,100,000円であげるのに必要な限界利益率は，

　　　　1,650,000 ÷ 4,100,000 = 40.24%

したがって，変動費率は59.76%（1 - 40.24）に低減しなければならない。

(3) 売上高4,100,000円に対する限界利益は，これに0.4を掛けて，1,640,000円である。この金額から固定費を差し引いて，目標利益450,000円を達成するには，固定費を（1,640,000 - 450,000）= 1,190,000

円にまで，10,000円低減しなければならない。

⑵ **利益計画図表**

　次に，使用資本利益率で目標が設定される場合の分析を利益計画図表によって説明する。**図8.7**における使用資本線から解説する。これは変動的資本と固定的資本の合計であるが，この２つはそれぞれ流動資産，固定資産に一致するものではない。**変動的資本**とは，売上高に比例して増減する資本をいう。たしかに，流動資産は，売上が増えると，それに応じてストックの量が増える部分がある。流動資産のこの部分は変動的資本である。しかしながら，売上高と流動資産のストックとの関係については，売上高が相当少なくなっても，維持しておかないといけない部分がある。これを恒常有高というが，この部分は，売

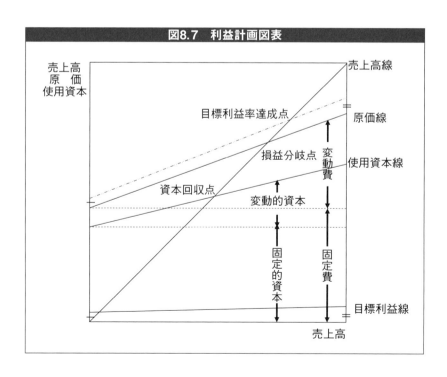

図8.7　利益計画図表

上高が増減しても固定的に必要とされる**固定的資本**である。もちろん，固定資産は固定的資本である。

　つづいて目標利益線を説明する。これは使用資本線で示される使用資本に目標使用資本利益率（図では10%を仮定）を掛けて，目標使用資本利益率の達成に必要な利益額を描いた線である。この場合，目標利益線は使用資本線の10%分を表している。この金額を原価線の上に積み上げたのが破線であり，（原価総額＋目標利益）を表している。この破線と売上高線との交点において，目標利益が達成される。この点において，売上高から原価総額を差し引いても，目標利益に相当する利益が残る。公式的には，次式が成立する。

目標利益＝目標利益率達成点－原価総額
使用資本×目標使用資本利益率
　　　　＝目標利益率達成点－（変動費率×目標利益率達成点＋固定費）
（変動的資本率×目標利益率達成点＋固定的資本）×目標使用資本利益率
　　　　＝目標利益率達成点－（変動費率×目標利益率達成点＋固定費）

これを目標利益率達成点について解くと，

$$目標利益率達成点 = \frac{固定費＋固定的資本×目標使用資本利益率}{1－変動費率－変動的資本率×目標使用資本利益率}$$

　目標利益率達成点が算出されると，この売上高達成に向けた方策が検討される。目標との間にギャップが残ると，変動費率と固定費の低減策を探る一方，変動的資本率と固定的資本の引き下げにより総資本回転率の引き上げを図る。

　図8.7に示した**資本回収点**を説明しておく。資本回収点は売上高が使用資本に等しくなる点であり，この点において使用資本が1回回収される。つまり，資本回収点とは，総資本回転率（売上高÷使用資本）が1になる売上高をいう。この点より右側では，売上高＞使用資本であるから，総資本回転率は1より大きい。資本回収点の左側では，売上高＜使用資本となり，総資本回転率は1より低い。資本回収点を下げておけば，それだけ総資本回転率がよくなる。

§4　多品種生産のCVP関係の分析

1■　平均限界利益率を分析する

CVP関係の分析にあたっては，実際の企業が種類の異なる商品，製品やサービスを提供していることを考慮しなければならない。しかも，品種（以下，サービスにもこの表現を用いる）ごとに変動費率と限界利益率が異なる。

したがって，品種の構成が変わると，平均変動費率や平均限界利益率は変化する。品種の構成は販売側に焦点を当てると**セールズミックス**（sales mix），生産側に焦点を当てると**プロダクトミックス**（product mix）と呼ばれるが，利益計画においてセールズミックスを検討する際には，一定の**平均変動費率**や**平均限界利益率**を前提にできないことになる。なお，セールズミックスの平均変動費率または限界利益率とは，セールズミックスの変動費合計または限界利益合計をその売上高合計で割ったパーセントをいう。まず，セールズミックスに応じて，限界利益率がどのように変化するかを例題を使って説明する。

[問題4]

Z社には3つの品種，AとBとCがある。1個当たりの販売価格と変動費は表8.1のとおりである。また，固定費は5,000,000円である。当初予測品種別販売量は，A，B，Cそれぞれ5,000個，6,000個，3,000個である。以下の設問に答えなさい。なお，計算にあたって生じる端数は円位未満を四捨五入のこと。ただし，平均限界利益率は小数点以下2位未満を四捨五入すること。

表8.1　品種別販売価格・変動費		
品種	販売価格 / 個	変動費 / 個
	円	円
A	1,000	400
B	800	400
C	1,500	900

⑴　当初の予測販売量の売上構成をセールズミックス①と呼ぶことにして，その平均限界利益率を求めなさい。また，損益分岐点を計算しなさい。

⑵　Z社では，売上高の合計は変わらないが，限界利益率が最も高い品種Aの売上構成比を高めたセールズミックス②を検討中である。その販売量は品種A，B，Cそれぞれ5,600個，6,000個，2,600個である。セールズミックス②の平均限界利益率を求めなさい。また，セールズミックスの変更により，損益分岐点がどのように変化するかを分析しなさい。

［解答］

⑴　品種別の限界利益率を計算すると，**表8.2**のとおりとなる。

表8.2　品種別限界利益率				
品種	販売価格 / 個 (1)	変動費 / 個 (2)	限界利益 / 個 (3)＝(1)－(2)	限界利益率 (4)＝(3)÷(1)
	円	円	円	％
A	1,000	400	600	60
B	800	400	400	50
C	1,500	900	600	40

　セールズミックス①の平均限界利益率は**表8.3**より，限界利益合計7,200,000円を売上高合計14,300,000円で割ると，50.35％である。

表8.3　セールズミックス①の平均限界利益率

品種	販売価格 / 個 (1)	限界利益 / 個 (2)	販売量 (3)	売上高 (4)＝(3)×(1)	限界利益 (5)＝(3)×(2)
	円	円	個	円	円
A	1,000	600	5,000	5,000,000	3,000,000
B	800	400	6,000	4,800,000	2,400,000
C	1,500	600	3,000	4,500,000	1,800,000
合計				14,300,000	7,200,000
				限界利益率	50.35％

損益分岐点＝固定費÷限界利益率

$$＝5,000,000円÷0.5035＝9,930,487円$$

(2)　**表8.4**から，セールズミックス②の限界利益合計7,320,000円を売上高合計14,300,000円で割ると，平均限界利益率は51.19％である。

表8.4　セールズミックス②の平均限界利益率

品種	販売価格 / 個 (1)	限界利益 / 個 (2)	販売量 (3)	売上高 (4)＝(3)×(1)	限界利益 (5)＝(3)×(2)
	円	円	個	円	円
A	1,000	600	5,600	5,600,000	3,360,000
B	800	400	6,000	4,800,000	2,400,000
C	1,500	600	2,600	3,900,000	1,560,000
合計				14,300,000	7,320,000
				限界利益率	51.19％

損益分岐点＝5,000,000円÷0.5119＝9,767,533円

セールズミックス①の場合と比べて，損益分岐点が下がり，収益性が高くなっている。売上高が同じでも，限界利益率が高い品種 A の売上構成が高くなると，平均限界利益率が上昇するからである。

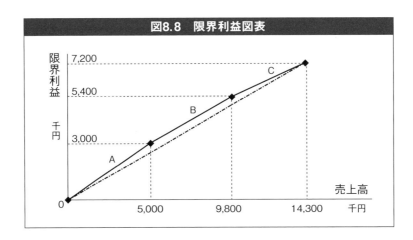

次に，限界利益図表を説明しておこう。**限界利益図表**は，**図8.8**に示したように，横軸に売上高をとることによって，縦軸の限界利益の経過を示す図表である。多品種の場合，限界利益率が高い順に描いていくのが通常である（描く順を変えても平均限界利益率は同じである）。

［問題４］のセールズミックス①のデータを使って説明すると，限界利益率が最も高い品種Ａについて，横軸の売上高5,000,000円に対する限界利益3,000,000円の点まで原点から直線が引かれる。続いて，この点から品種Ｂに関わる直線が引かれるが，この線の終わりは売上高9,800,000円，限界利益5,400,000円の点である。これは，品種Ａの売上高と限界利益それぞれに品種Ｂの売上高，限界利益を加えた数字である。最後に，この点から売上高14,300,000円，限界利益7,200,000円の点に直線が引かれる。この点は全品種の売上高と限界利益の合計である。**図8.8**における点線の勾配は平均限界利益率を示している。

2■ ボトルネックを考慮する

［問題４］のＺ社では，収益性を改善するため，セールズミックスの組み替えが検討された。限界利益率が高い品種の売上構成を高めようということで

あった。しかしながら，生産や販売の能力に制約があるという一般の場合，限界利益率が高い品種の収益性が高いとはかぎらない。

　制約となるヒト・モノ・カネ・情報の資源はさまざまな品種に配分しなければならない。このため，資源の制約が品種の収益性，したがってセールズミックスを大きく左右する。限界利益率が高い品種であっても，制約となる資源をたくさん使うと，他の品種に回せる資源が少なくなってしまうからである。

　ボトルから注ぐことができる液体の時間当たり流量はボトルのネックの口径で決まってしまう。これが狭い部分で，流量が制約されるからである。これは資源の制約についても同じであるため，生産や販売などの能力における資源の制約はボトルネックと呼ばれる。これが1つだけの場合，制約となる資源当たりの限界利益が大きい品種ほど収益性が高い。これが大きい品種に資源を集中するほうが利益が大きくなるからである。以下，例題を使って説明する。

[問題5]

　[問題4]のZ社において，品種A，B，Cを同一工程で生産している。工程の利益計画期間における最大可能操業時間は14,020直接作業時間である。各品種の生産に必要な直接作業時間，最低必要販売量と最大可能販売量は表8.5のとおりである。利益が最大となるセールズミックスを求めなさい。

表8.5　品種別直接作業時間・販売量

品種	直接作業時間／個	最低必要販売量	最大可能販売量
	時間	個	個
A	1.2	4,800	5,700
B	1.0	5,000	6,300
C	0.5	2,800	3,200

[解答]

　最初に最低必要販売量に対して直接作業時間を配分しておくと，残りの直接作業時間は**表8.6**のとおり1,860時間となる。

表8.6　最低必要販売量に対する時間配分

品種	直接作業 時間／個(1)	最低必要 販売量(2)	配分時間 (3)＝(1)×(2)
	時間	個	時間
A	1.2	4,800	5,760
B	1.0	5,000	5,000
C	0.5	2,800	1,400
		合計	12,160
		残時間	1,860

　直接作業時間当たりの限界利益は品種別に**表8.7**のとおりである。

表8.7　品種別時間当たり限界利益

品種	限界利益／個 (1)	直接作業 時間／個 (2)	時間当たり 限界利益 (3)＝(1)÷(2)
	円	時間	円
A	600	1.2	500
B	400	1.0	400
C	600	0.5	1,200

　表8.7によると，品種Cが最も有利であるから，まずこの品種に最大可能販売量まで時間を配分する。最低必要販売量に対して配分した残りは1,830時間であるから，**表8.8**に示したように，品種Cに200時間配分すると，残時間は1,660時間になる。この時間は2番目に有利な品種Aに最大可能販売量まで配分できる。この段階で残時間は580時間であるが，この時間

では品種Bの最大可能販売量までの生産は不可能である。そこで，残時間580時間で品種Bを580個生産すればよい。

表8.8　追加の時間配分

品種	追加販売量 (1)	直接 作業時間／個 (2)	追加 配分時間 (3)=(1)×(2)	残時間
	個	時間	時間	時間
C	400	0.5	200	1,660
A	900	1.2	1,080	580
B	580	1.0	580	0

この配分により，セールズミックスは**表8.9**のとおりになる。

表8.9　Z社の利益計画

品種	販売価格 ／個 (1)	変動費／ 個 (2)	限界利益／ 個 (3)=(1)−(2)	販売量 (4)	売上高 (5)=(1)×(4)	変動費 (6)=(2)×(4)	限界利益 (7)=(3)×(4)
	円	円	円	個	円	円	円
A	1,000	400	600	5,700	5,700,000	2,280,000	3,420,000
B	800	400	400	5,580	4,464,000	2,232,000	2,232,000
C	1,500	900	600	3,200	4,800,000	2,880,000	1,920,000
				合計	14,964,000	7,392,000	7,572,000
						固定費	5,000,000
						純利益	2,572,000

第8章 練習問題

設問1 a～fの空欄を適切な用語で補いなさい。

⑴ 利益管理は（ a ）のシステムであると同時に，日常業務の管理に使われる。予算によって，部門に（ b ）と資源を割り付けるとともに，PDCA サイクルを回して予算を有効に達成しようとする。（ c ）を設定するには，長期経営計画とは別に（ d ）が必要である。

⑵ 利益目標達成のために，販売量，販売価格，（ e ），原価低減などを検討して（ d ）が設定される。このとき使われる分析法を総称して（ f ）の分析という。

設問2 G社の次年度の売上高，変動費率と固定費は，それぞれ7,000,000円，80%，500,000円であると見込まれている。利益目標が1,000,000円であるとすると，⑴固定費の削減目標と⑵このときの損益分岐点を求めなさい。

第 **9** 章

予算管理

> **学習のポイント**
>
> 本章では，予算管理の組織，予算編成，予算の運用や予算差異分析につ
> いて予算管理を解説する。本章での学習の目標は以下の4点を理解する
> ことである。
> (1) 予算管理の意義や前提は何なのか。
> (2) 予算編成のプロセスがどうなっているのか。
> (3) 予算がどのように運用されるのか。
> (4) 予算差異分析がどのように行われるのか。

§1 予算管理の意義と前提

1■ 予算管理とは

　前章で述べたように，短期の PDCA サイクルを伴う利益管理のうち，予算
編成以下のプロセスが**予算管理**（budgetary control）である。これは，予算編
成方針を指針として，各部門に責任とその責任遂行に必要な資源を財務数字で
割り付けて予算を編成するとともに，PDCA サイクルを回すことにより，戦
略実施を図る管理活動と定義できる。

　戦略実施上の必要性については，すでに前章において述べたので，以下では，
予算管理の前提を説明する。その後，PDCA サイクルに即して，§2において
予算編成プロセス，§3において予算管理の運用，§4において予算差異分析

を取り上げる。

　本章では，業績管理アプローチの上に立って解説を進める。PDCA サイクルによる戦略実施という問題に対して主として求められるのは，業績管理による部門の統合の視点であるからである。以下，予算管理のプロセスにおいて，全社の利益目標の達成のため，部門にどのように働きかけて，部門を統合するのかを考える。

2■　予算管理の前提を整備する

　予算管理の効果的実施には，予算管理の前提を以下のように整備しておかなければならない。このうち，①から④は予算管理組織の整備に関わっている。

① **予算管理責任者と予算実施責任者**……第１は**予算管理責任者**と**予算実施責任者**の役割分担である。予算によって責任と資源を部門に割り付けるといっても，組織は階層をなしている。そこで，予算の総括責任者を予算管理責任者とし，その下位部門管理者を予算実施責任者と位置づけて，役割を分担するのが効果的である。職能別部門組織では製造部長や営業部長が，事業部制組織では事業部長が予算管理責任者にあたる。

　このように分けると，予算実施責任者が予算編成における予算案の発議から月次の予算差異分析や是正アクションの検討・実行に至るプロセスにおいて中心的な役割を果たすことが分かる。他方，予算管理責任者は総括責任者として，予算案の取りまとめや予算差異分析に際してリーダーシップを発揮して，予算実施責任者に働きかける。必要な場合，予算管理責任者が例外管理を行使して，予算実施責任者と相互の働きかけを行って，部門を統合する。

② **予算委員会**……予算管理に関する全社の審議機関が**予算委員会**である。月次または四半期ごとに開催される。予算管理責任者を加えた拡大常務会（経営会議）がその機能を果たすことが多い。予算委員会における審議事項は通産省産業合理化審議会「内部統制の実施に関する手続要領」（1953年）によると，以下のとおりである。

a.　部門予算の調整に関する審議

b.　総合予算案の審議　　部門から提出された部門予算案を調整して，総合予算に取りまとめた予算案を審議

c.　予算の変更に関する審議　　予算の運用の節で説明する

d.　予算外および設備予算の支出に関する審議　　予算外支出については後述する。設備予算については，支出規模が巨額なものは，件別統制が行われる

e.　予算実績比較および予算差異分析の検討　　月次または四半期ごとにこの検討が行われる

f.　常務会の諮問に関する回答

g.　内部報告書統一に関する審議

③　**予算検討会議**……予算検討会議は，予算管理責任者が主宰して予算関連事項を部門内で検討する会議である。部門予算案を検討したり，予算差異分析の結果や是正のアクションについて報告・検討を行ったりする場となる。この会議での審議結果を受けて，予算管理責任者が全社の予算委員会に臨む。

④　**予算管理のスタッフ組織：予算課と部門予算係**……予算管理を効果的に遂行するには，予算管理のスタッフ組織が不可欠である。本社スタッフを予算課と呼ぶ。予算課は，予算管理に関連したさまざまな情報を収集して，本社トップマネジメントをサポートする。また，予算委員会で必要な資料を準備するのも予算課の任務である。予算編成方針の取りまとめ，部門予算案の調整，総合予算案の取りまとめ，予算差異報告書の作成，差異原因の調査などである。

　予算管理責任者のスタッフとして部門予算係が配置される。部門予算係は，予算管理に関連したさまざまな情報を提供するとともに，部門予算案の取りまとめ，部門別予算差異報告書の作成や差異原因の調査にあたる。

⑤　**トップマネジメントの役割**……以上は，予算管理の組織の整備であるが，予算管理の効果的遂行にはトップマネジメントの役割が重要である。トッ

プマネジメントは，長期目的や経営戦略に主として関わっているといっても，予算管理における役割を無視できない。第 1 に，利益計画や予算編成方針の設定に自ら積極的にコミットすることが求められる。また，予算管理を制度として維持することもトップマネジメントの重要な役割である。予算委員会において，トップマネジメントが総合予算案の審議はもちろん，予算実績比較や予算差異分析の検討に積極的に関与すれば，予算管理を重視している証しとなる。逆に，トップマネジメントが予算管理の必要性をあまり認識していない場合，特に頻繁な予算外支出など予算を無視した行動をとり続けると，予算の権威は失墜する。

⑥　**権限委譲の必要性**……予算編成では，すでに述べたように，部門に対して責任と資源が割り付けられる。責任を課すわけであるから，これに見合う**権限委譲**が必要とされる。したがって，予算によって責任と資源を一旦配分すると，予算差異が大きくならないかぎり，部下に任せるというのが例外管理の原則である。大型の設備支出は別として，たとえば支出を実質的に件別にコントロールするというのでは権限を委譲したことにはならない。

⑦　**予算編成への関与**……職能別の部門が予算編成に関与する意義については，すでに前章の**図8.2**に関連して説明した。予算編成方針がトップダウンで表明されると，予算編成方針を指針として部門予算案を積み上げていくのは職能部門である。つまり，トップダウン・ミドルアップの方式で予算が編成される。現場に即した予算を編成できるよう，本社トップマネジメント，予算管理責任者，それに予算実施責任者が相互に働きかけを行っていくのである。

⑧　**計算制度・報告制度の整備**……予算管理の効果的遂行には，計算制度と報告制度の整備が必要である。**計算制度の整備**では，製造業を想定すると，標準原価計算制度の整備が求められる。科学的に設定された標準原価に一定の余裕分を加えて予算原価（予定原価）を設定するのが合理的である。

　また，計算制度にも関連するが，予算差異分析の方法を確立した上で，

月初めのできるだけ早い時点，たとえば第3または第5営業日に予算実績報告ができるよう，**報告制度の整備**を図らなければならない。差異の発生ができるだけ早く認識できないと，その原因が調査できなくなり，有効なアクションをとれなくなってしまうからである。

§2　予算編成のプロセス

1■　予算編成日程を組む

　予算管理は原価管理と同様，一定の日程に従って毎年繰り返し行われる。

　図9.1の**予算編成日程**（利益計画日程を含む）は職能別組織を前提とした例示である。予算編成日程は，**予算管理規程**に組み込まれる。実際はさらに詳細なことが多い。**図9.1**に示した各ステップについて，「起案」「チェック」「決定」に関わる部署が明記されたりする。

　前章での説明と重なる部分もあるが，**図9.1**を使って説明する。①のステップでは，予算課が事務局となって，全社の環境情報を収集するとともに，部門の環境や状況について部門からヒアリングを行う。その後，予算課は，本社トップマネジメントの方針を受けて，利益計画案を作成し，本社トップマネジメントが利益計画を決定する（ステップ②）。つづいて，利益計画に基づいて，予算課が取りまとめを行って本社トップマネジメントが予算編成方針を表明し，予算委員会での審議を経て，各部門に示達する（ステップ③）。

　示達を受けて，各部門では，予算管理責任者の部長が部門予算編成方針を表明するなどリーダーシップを発揮するとともに，課長に代表される予算実施責任者が中心となって部門予算案を作成する。そして，予算管理責任者が部門予算案を取りまとめる。この④のステップにおける部門予算係の役割は大きい。

　次のステップ⑤「部門予算案の調整・修正」は，提出された部門予算案を予算課がチェックすることから始まる。部門予算案が予算編成方針を遵守していないことが判明すると，予算課は部門に対して部門予算案の修正を求める。ま

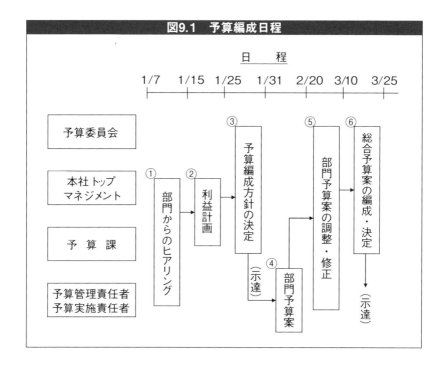

図9.1　予算編成日程

た，さまざまな部門の予算案に衝突が生じているとか，目標未達であることが分かると，予算課は本社トップマネジメントの判断を仰ぎながら部門間の調整を図って，部門予算案の修正を重ねる。このとき，合意形成が必要と認識されると，部門予算案の調整が予算委員会の審議事項となる。調整が完了すると，⑥のステップにおいて，予算課が総合予算に取りまとめる。総合予算案は本社トップマネジメントの了承を経て，予算委員会で決定後，部門に示達される。

2■　総合予算を編成する

(1)　売上高予算・製品在庫予算・製造高予算

次に，上記⑥の総合予算の編成に的を絞って，予算編成のプロセスを述べる。市場における需要に合わせて企業活動を調整するのが通常である。したがって，**図9.2**に示したように，売上高予算が総合予算編成の出発点となる。予算編成

方針上の売上目標を指針として，営業部門から売上高予算が積み上げられる。このとき，製造部門の状況が考慮される。製造部門の生産キャパシティはもちろん，生産効率を考えてできるだけ平準生産となるよう，生産・販売活動，したがって**製造高予算**と売上高予算を調整しなければならない。

　この調整に際して，製品在庫が売上高と製造高とのバッファーとなる。棚卸資産に関する数式で示すと，

　　　期末製品在庫量＝期首製品在庫量＋当期生産量－当期販売量

　したがって，売上高予算，**製品在庫予算**，製造高予算の３つの調整が必要となる。このとき，**生産ロットサイズ**（１回の段取による生産量）を大きくすると，段取費用の総額は少なくてすむ。しかし，製品在庫が膨らむため，在庫費用，すなわち在庫品の保管料や資本コストが増大する。このため，段取費用と在庫費用の総額が小さくなるよう，調整を図ることになる。

⑵　**製造費用予算・製造原価予算**

　製造高予算が決まると，予算生産量に対応する**製造費用予算**が組まれる。**図9.2**では単純化のため，生産途中の生産物つまり仕掛品がない状況を想定している。この場合，製造費用予算と**製造原価予算**は同じである。仕掛品がある場合，棚卸資産原価の公式に従って製造費用予算から製造原価予算を導けばよい。

　　　製造原価＝期首仕掛品原価＋当期製造費用－期末仕掛品原価

　製造費用予算は，直接材料費と直接労務費について，次式の予定直接材料費と予定直接労務費に予算生産量を掛けて製品別・要素別に導かれる。**図9.2**に示した**材料消費予算**と**労務費予算**がこれである。

　　　予定直接材料費＝直接材料予定消費価格×予定直接材料消費数量
　　　予定直接労務費＝直接労務予定賃率×予定直接作業時間

　製造費用予算には，材料消費予算と労務費予算以外に，**製造間接費予算**があ

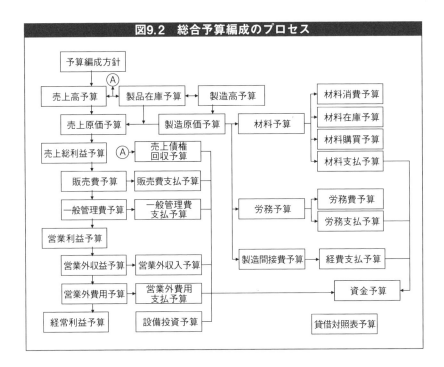

るが，これについてはすでに第５章§４で述べたとおりである。

(3)　損益予算

売上原価＝期首製品有高＋当期製造原価－期末製品有高

であるから，**売上原価予算**は製造原価予算と製品在庫予算から決まる。売上高予算からこれを差し引くと，**売上総利益予算**になる。以下，**図9.2**の左側を縦にみていくと，損益予算編成の流れは明らかである。

(4)　材料購買予算・材料在庫予算

ふたたび材料予算を取り上げる。**図9.2**をみると，材料予算には，材料消費予算以外に，材料購買予算，材料在庫予算，材料支払予算の３つがある。材料

消費予算によって，予算期間における材料消費量が決まると，これに見合う材料購入を予算に組み込む。これが**材料購買予算**である。材料の消費量と購買量との間には材料在庫量のバッファーがある（次式参照）。このため，材料在庫予算を設定する必要がある。

期末材料在庫量＝期首材料在庫量＋当期材料購買量－当期材料消費量

材料在庫予算の編成にあたっては，1回の**発注費用**と在庫費用のバランスを考えなければならない。1回の発注量つまり**発注ロットサイズ**を大きく設定すると，発注費用の総額は少なくなるが，保管料や資本コストなどの在庫費用が上昇するからである。この関係は，製品在庫の場合と同じである。

(5)　**資金予算**

図9.2における材料支払予算，労務支払予算と経費支払予算は**資金予算**の項目である。**材料支払予算**は買掛金を調整した上で材料購買予算から導かれる。**労務支払予算**は，未払労務費を調整して労務費予算から導出される。製造間接費については，減価償却費や退職給与引当金繰入額などを除いて，製造間接費予算に未払・前払の金額を加減して，**経費支払予算**が設定される。

以上説明した材料支払予算，労務支払予算以外に，**販売費支払予算**，**一般管理費支払予算**と**営業外費用支払予算**がそれぞれ販売費予算，一般管理費予算と営業外費用予算から導かれて，資金予算に組み込まれる。資金予算の項目として重要なのは**設備予算**である。設備投資計画が承認されたのち，設備工事の日程が決まると，予算期間における要投資額が設備予算に組み込まれる。

資金予算の収入項目は，**売上債権回収予算**と営業外収入予算である。前者は，売上高予算に売上債権を加減して設定される。営業外収入予算も営業外収益予算から導かれる。

資金予算では，収支に過不足が生じることが判明すると，資金の運用・調達を計画し，予算に組み込むことになる。

最後に，**貸借対照表予算**については，単純化のため，編成のプロセスを**図9.2**

に明記していない。現金は資金予算，売上債権は売上高予算・売上債権回収予算，製品・材料の棚卸資産は製品在庫予算・材料在庫予算から設定される。その他の多くの項目については説明を省略する。

3■ 実行予算を編成する

　予算は予算期間の１年について編成される。しかし，損益予算や資金予算は年度予算額を月別に展開して設定する。資金予算は月次に展開しないと，収支のバランスをチェックできない。また，資金の運用・調達を計画できない。１年を単位にチェックしてから，資金の調達・運用を計画すると，通年でバランスがとれていても，月別に過不足が生じることがある。損益予算については，月次に予算差異分析を実施して，PDCA サイクルを回すのが通常である。これに対応して，予算を月次に展開しておかなければならない。

　もっとも，経営環境の不確実性を考えると，当初から予算を月次に編成したところで，次第に業務活動の指針として機能しなくなる。そこで，たとえば，第１四半期の３カ月分は実行予算として設定するが，残りの９カ月分は月別に展開しないという実務が一般化するようになった。この場合，第２四半期の実行予算は第１四半期の推移を考慮して設定される。以下同様に，第３四半期の実行予算は第２四半期までの動向，第４四半期の実行予算は第３四半期までの展開を考慮して編成される。

　もちろん，これは当初予算を破棄して実行予算を組み替えるという意味ではない。当初予算で設定された予算編成方針や当初予算の大枠はやはり達成目標である。経営環境の変化を組み込みながら，目標の達成に向けて，実行予算が編成されるのである。

§3　予算の運用

1■　予算は修正すべきか

　部門予算が各部門に示達されると，各部門は予算を指針として業務を行う。予算管理が do のステップに入るわけであるが，このステップにおいて予算管理上問題となるのは予算の修正，予算の流用と予備費の計上である。これらを認めるべきではないというのが基本原則である。

　まず，**予算の修正**について考えよう。たしかに，経営環境が予算編成時の予測と異なってくると，予算に固執したのでは業績がかえって悪くなる。景気が上向いてきているのに売上高予算を達成すればそれで十分というわけにはいかない。逆に，景気が下降気味になってきているのに，売上高予算を達成しようとすると無理が生じる。また，競合他社が新製品を投入したのに，研究開発予算をオーバーするからといって，研究開発を加速しないわけにはいかない。

　しかし，これらは予算の修正をただちに意味しない。経営環境の変動に合わせて常に予算を修正したのでは，予算が部門の業務や業績の物差しとして機能しなくなる。実績に合わせて予算を修正することになりかねないからである。ただし，予算を業務の指針として使えないほどまで経営環境が変動すると，予算を修正することになる。

　もちろん，予算を修正しないといっても，これは予算に固執するという意味ではない。予算差異が出ても，予算管理責任者や予算実施責任者がその理由を説明することが重要である。このような説明責任を果たしながら，本社トップマネジメントと相互に働きかけを行って，経営環境の変動に対応していくのである。

　競合他社の新製品開発に対抗して自社の開発を加速化するというケースで説明すると，決済を受けた上で研究開発費予算をオーバーすることが認められる場合がある。予算超過額が巨額の場合は，予算委員会の承認が必要になるが，

この場合にも正当な理由が当然求められる。どちらの場合にも，予算を超えた支出を働きかけるには，予算管理責任者と予算実施責任者が説明責任を果たさなければならない。

2■　予算の流用や予備費の計上を認めるべきか

　次に，予算の流用はどうなのか。予算の流用には**費目間流用**と**期間流用**がある。前者は，費目を超えて，たとえば研究開発費を販売費予算から販売費として充当するようなケースをいう。一方，期間流用とは，期間を超えた流用をいう。研究開発費は実行予算において月割りされているが，前倒しで研究開発費を支出したり，逆に余った予算額を次月以降に使ったりする場合がこれである。

　どちらの場合にも，予算が業務の指針であるので，流用を認めることによって予算差異が明示されなくなるのは妥当ではない。もちろん，研究開発費予算をオーバーした場合，他の費目の削減や次月以降の研究開発費の削減が求められることがあるかもしれない。しかし，これは差異に対する説明責任を伴うため，流用には該当しない。

　以上，予算の硬直的な運用はよくないのはもちろんであるが，予算からの逸脱には説明責任が伴う。この点，予算を修正したり，予算の流用を認めたりすると，予算差異が表面化しなくなるため，適切ではない。これは**予備費の計上**についても同様である。予備費を予算に計上したのでは，説明責任があいまいになる。

§4　予算差異分析

1■　利益差異を分析する

　予算管理では，月次または四半期ごとに予算実績報告が行われる。そして，予算差異分析によって予算差異の要因や原因が分析・調査され，アクションがとられる。たとえば，利益差異の主要因が販売量の減少であることが判明する

と，その原因を探った上で対策が検討・実行される。

　以下では，損益予算について，予算差異を要因別に分析する方法を説明する。直接原価計算が採用されている場合を想定すると，利益差異は，次式のように，売上高差異，変動費差異，固定費差異の3つに分解できる。

　　利益差異＝限界利益差異－固定費差異
　　　　　　＝売上高差異－変動費差異－固定費差異

　説明が簡単な変動費差異と固定費差異から説明すると，製品別の**変動費差異**は，製品単位当たりの実際単位変動費と予算単位変動費との差に実際販売量を掛けて計算できる。これをすべての製品について合計すると，変動費差異が求められる。**固定費差異**は実際固定費と予算固定費との差額である。

　次に，**売上高差異**とは，実際売上高が予算からずれた結果生じる限界利益の差異をいう。ただし，変動費差異が分離されているので，製品別売上高差異は，次式のとおりとなる。これを製品について合計すればよい。式において，表現の長い項目は" "で囲んでおいた（以下同様）。

　　製品別売上高差異＝"予算単位変動費で修正した実際限界利益"－予算限界利益
　　　　　　　　　　＝（実際販売価格－予算単位変動費）×実際販売量
　　　　　　　　　　　－（予算販売価格－予算単位変動費）×予算販売量

2■ 売上高差異を分析する

　売上高差異は，販売価格差異，販売量差異，セールズミックス差異の3つにさらに分解される。**販売価格差異**は，販売価格に差額が生じたことによって発生する差異であるから，実際販売量に販売価格の差額を掛けた積を各製品について合計することによって求められる。なお，予算販売量ではなく，実際販売量を用いるのは，実際販売量について販売価格の差異が生じているからである。

　次に，**販売量差異**は販売量の差から生じる限界利益の変化を示す差異である。まず，売上高の差は，製品別の予算販売価格×（実際販売量－予算販売量）を

製品について合計すればよい（予算販売価格を掛けているのは販売価格差異を
分離しているためである）。

　売上高の変動に限界利益率を掛けると，販売量の変動による限界利益の差額
つまり販売量差異を計算できる。このとき，セールズミックスの変化による部
分は別途セールズミックス差異として計算されるので，限界利益率としては予
算セールズミックスの限界利益率が使われる。以下の数式では，「セールズミッ
クス」を「ミックス」と略記する。また「……の合計」は，製品について合計
することを示している。

販売量差異 ="予算販売価格×（実際販売量－予算販売量）の合計"
　　　　　　　×"予算ミックスの限界利益率"

$$"予算ミックスの限界利益率" = \frac{"予算限界利益の合計"}{"予算売上高の合計"}$$

　最後に，**セールズミックス差異**はセールズミックスに変動が生じることによ
る限界利益の差額として分析される。第8章で述べたように，セールズミック
スは限界利益率に大きく作用する。

　この差異は，次式から分かるように，実際セールズミックスの限界利益率と
予算セールズミックスの限界利益率の差に（"予算販売価格で修正した実際売
上高合計"）を掛けて計算される。このとき，実際売上高を予算販売価格で修
正しているのは，販売価格差異が別途分離されているからである。また，実際
セールズミックスの限界利益率の計算にあたっても，予算販売価格と予算単位
変動費が使われていることに注意が必要である。販売価格差異だけでなく，変
動費についても差異が分離されているからである。

ミックス差異 ＝"予算販売価格で修正した実際売上高合計"
　　　　　　　×（"実際ミックスの限界利益率"－"予算ミックスの限界利益率"）

$$"実際ミックス \atop の限界利益率" = \frac{"（予算販売価格－予算単位変動費）×実際販売量の合計"}{"予算販売価格×実際販売量の合計"}$$

以下，利益差異分析を数値例で示すことにしよう。

[問題1]

A製品とB製品を販売しているX社のK営業所における予算と実績は**表9.1**に要約されている。製造部門からK営業所への振替価格は，**表9.1**に示したとおりであるが，この振替価格は実績の振替にも適用される。

表9.1　K営業所の予算と実績

	A製品			B製品			営業費
	販売価格 (1)	振替原価 (2)	販売量 (3)	販売価格 (4)	振替原価 (5)	販売量 (6)	(7)
	円	円	個	円	円	個	円
予算	100.0	60.0	10,000	150.0	84.5	8,000	400,000
実際	98.0	60.0	9,000	148.0	84.5	2,250	410,000

次の設問に答えなさい。

(1)　利益差異を求めるとともに，この差異を売上高差異，変動費差異，固定費差異の3つに分解しなさい。

(2)　売上高差異を販売価格差異，販売量差異，セールズミックス差異の3つに分解しなさい。

[解答]

(1)

表9.2　利益差異の計算

	A製品		B製品		合計		差異
	予算	実際	予算	実際	予算	実際	
	円	円	円	円	円	円	円
売上高	1,000,000	882,000	1,200,000	333,000	2,200,000	1,215,000	−985,000
変動費	600,000	540,000	676,000	190,125	1,276,000	730,125	−545,875
限界利益	400,000	342,000	524,000	142,875	924,000	484,875	−439,125
営業費	−	−	−	−	400,000	410,000	10,000
営業利益	−	−	−	−	524,000	74,875	−449,125

限界利益の実際額と予算額を製品別に計算し，これを合計すると，**表9.2**に示したように，限界利益差異が求められる。これから固定費差異となる営業費の差異を差し引くと，利益差異は449,125円（不利差異）となる。この差異は以下のように分解される。

売上高差異

＝予算単位変動費で修正した実際限界利益の合計

　　－予算限界利益の合計

＝（98円－60円）×9,000＋（148円－84.5円）×2,250－924,000*円

＝－439,125円　　439,125円の不利差異

　　　* **表9.2**参照

変動費差異＝0円

固定費差異＝10,000円の不利差異

(2)

販売価格差異＝（販売価格の差異×実際販売量）の合計

　　　　　　＝（98円－100円）×9,000＋（148円－150円）×2,250

　　　　　　＝－22,500円　22,500円の不利差異

販 売 量 差 異＝（予算販売価格×販売量の差異）の合計

　　　　　　　　×予算セールズミックスの限界利益率

　　　　　　＝｛100円×（9,000－10,000）＋150円×（2,250－8,000）｝

　　　　　　　　×（924,000÷2,200,000）**

　　　　　　＝－404,250円　404,250円の不利差異

　　　** 予算限界利益÷予算売上高　**表9.2**参照

実際ミックスの限界利益率***

　　　　　　＝｛（100－60）×9,000＋（150－84.5）×2,250｝

　　　　　　　÷（100×9,000＋150×2,250）

　　　　　　＝41％

　　　*** 予算販売価格と予算単位変動費で修正

セールズミックス差異＝（実際ミックスの限界利益率

　　　　　　　　　　　－予算ミックスの限界利益率）

　　　　　　　　　　　×予算販売価格で修正した実際売上高

　　　　　　　　　　＝（0.41－0.42）×（100円×9,000＋150円×2,250）

　　　　　　　　　　＝－12,375円　12,375円の不利差異

第9章　練習問題

設問1　a～eの空欄を適切な用語で補いなさい。

(1)　予算管理のプロセスにおける（　a　），予算の運用，予算差異分析や是正の
アクションの PDCA サイクルのなかで，部門を統合するため，トップマネジメ
ント，予算管理責任者ならびに予算（　b　）責任者の3者が相互に働きかけを
行いながら戦略実施を目指す。部門を統合するための（　c　）予算は，損益予算，
資金予算と貸借対照表予算からなる。

(2)　業務活動の指針とするため，年間の（　c　）予算と並んで，1四半期分の月
次予算が（　d　）予算として設定される。予算が業務活動の指針であることを
考えると，予算の修正，流用や予備費の計上は妥当ではない。予算差異の（　e　）
を明確にする必要があるからである。

設問2　当営業所の当月売上高予算は9,600,000円で，その実績は9,700,000円であっ
た。変動費率は予算どおりの80% であるとして，売上高差異を計算しなさい。

第**10**章

事業部の業績管理

学習のポイント

本章では，事業部制組織における業績管理，特に事業部業績測定と振替
価格の設定を取り上げる。本章での学習の目標は以下の4点を理解する
ことである。

(1) 事業部業績管理のシステムを設計・運用するにあたって，事業部間
　　の相互依存性，責任権限関係の弾力化，管理可能性の要件の3つを少
　　なくても考慮しなければならないこと。

(2) 事業部業績管理上，事業部純利益を指標とした業績管理が行われる
　　場合が多いこと。

(3) 事業部使用資本利益率による業績管理に代わって，わが国独自の社
　　内金利制度や社内資本金制度も使われていること。

(4) 振替価格設定の基準として，市価基準，原価プラス基準，原価基準
　　があること。

---

§1　相互依存性の管理

1■ 事業部は相互依存的

　第6章から第9章では，管理会計における基本のPDCAサイクルを述べて
きた。これらの章では，事業部制組織の場合も含めて説明してきたが，本章で
は，この組織形態に固有の問題を取り上げる。§2と§3における事業部業

績の測定と§4における事業部間の振替価格の設定がこれである。

　これらの説明の前に，事業部制組織とは何か，またこの組織における業績管理システムの設計・運用に際して何を考慮しなければならないのか，その要点を繰り返し述べておく。第4章で説明したように，**事業部制組織**とは，業種別，事業別，製品別，地域別などの市場別に自己充足的な部門つまり事業部に組織を分権化することをいう。ここにおいて，自己充足性とは，委ねられた市場責任を果たせるよう，その市場に関する生産・販売のライン職能を包括的に事業部に帰属させることをいう。この結果，事業部は業績管理上プロフィットセンターの特徴を備え，利益責任をもつようになる。

　事業部の業績管理システムを設計・運用する際に，最低限考慮しなければならないことが3つある。すでに第4章で述べたように，①事業部間の相互依存性，②責任権限関係の弾力化，③管理可能性の要件の3つである。

　②と③は①から導かれるため，**事業部間の相互依存性**を最初に理解することが重要である。事業部が自己充足的であるといっても，事業部間には相互依存性が残る。第4章で説明したように，第1に，本社機能は事業部に委譲されないし，購買なども規模の経済性の観点から本社資材部で集中して行われることもある。第2に，同じく規模の経済性を考慮して，特定の事業部または共通製造部門の生産物が他の事業部に社内で振り替えられることがある。第3に，ヒト・モノ・カネ・情報の全社資源の配分をめぐって事業部間に相互依存性が存在する。これらの資源が希少であるため，特定事業部へ資源配分を集中させると，他事業部への資源配分が減少することもありえるからである。

　第1の相互依存性は，本社費・共通費の配賦問題や本社資産・共通資産の配賦問題を引き起こす。前者は§2で，後者は§3で取り上げる。第2の相互依存性は，振替価格の設定問題となる。これについては，§4で説明する。

　第3の相互依存性は全社資源の配分に関わっている。この配分の大枠は，経営戦略によって決まる。しかし，本社資源の配分は，事業部業績の測定にも関連する。将来の成長が見込めないかぎり，収益性が低い事業部には資源を配分しないのが通常である。このため，成長性と並んで，収益性評価が事業部業績

の測定目的の１つとなる。

　事業部の収益性評価では，事業部への資源配分の効率性，つまり事業部使用資本（事業部使用資産）の収益性が測定される。具体的な指標としては，事業部使用資本利益率（事業部総資本利益率）などが考えられる。意思決定上，事業部の収益性評価は，第３章で述べた「問題の認識・分析」に使われる。

　事業部の収益性評価に対して，事業部業績の測定には**事業部の業績管理**の目的がある。これは，業績管理における統合の視点に関連した事業部業績の測定目的である。本章では，特に断らないかぎり，この目的について事業部の業績測定を解説している。業績管理目的では，事業部業績は，利益管理の PDCAサイクルにおいて，事業部利益目標がどの程度達成されたかで測定される。事業部利益目標を全社利益目標に調整した上で，事業部長を事業部業績の指標に注力させることによって，事業部利益目標実現を働きかけている。

2■　責任権限関係は弾力的

　次に，事業部間の相互依存性が事業部の業績管理に及ぼす影響を考えてみよう。利益責任に対応して，事業部長には業務的決定に関連した利益計画の権限が委譲される。もちろん，事業部長は，全社的な長期目的や経営戦略，さらには長期経営計画の枠内で本社トップマネジメントと相互に働きかけを行って利益計画を組むことになる。このなかで，事業部長は，本社トップマネジメントに本社資源の配分についても働きかけを行う。

　さらに，事業部には，本社の IT 部門，資材部門などのサービスを受けたり，他の事業部や全社共通生産部門の生産物の提供を受けたりといった依存関係がある。

　このことは，事業部制組織における**責任権限関係の弾力化**を意味している。事業部長は，包括的な市場責任を負ってはいても，その責任遂行に必要な資源をすべてもっているわけではなく，他の管理者の物的管理下にある資源の利用を働きかけながら，市場環境に弾力的に対処していく責任が課せられている。事業部業績の測定や振替価格の設定に際して，事業部制組織における責任権限

関係のこのような弾力化を考慮しなければならない。

3■ 管理可能性の要件とは

　事業部の業績管理にあたって考慮すべき第3点は，**管理可能性の要件**である。これは，事業部長を含めた部門管理者の最終的な決定権限の有無ではなく，その部門業績への影響可能性と理解できる。

　第6章で指摘したように，職能別部門組織においても，業績への部門管理者の影響可能性の範囲は広がっている。ましてや，事業部の業績管理上は，最終的な決定権限がないという理由で，事業部に帰属可能な個別コミッティッド・キャパシティコストを業績測定からはずすのは適切ではない。

　投資権限が限定的とされる場合であっても，事業部長が事業部への投資決定にほとんど影響力をもちえないというのでは，市場環境にタイムリーに対処できない。最終的には本社トップマネジメントが決済する場合であっても，事業部長は投資提案を状況に応じて行うことが求められている。このように，事業部制組織における責任権限関係は弾力的で，事業部長が事業部への投資について本社トップマネジメントに働きかけるような仕組みを業績管理システムに組み込む必要がある。事業部に帰属可能なすべての固定費を管理可能費とすることが，このような働きかけにつながる。

　投資決定への事業部長の働きかけをさらに強めようとすると，インベストメントセンターが選択される。**インベストメントセンター**とは，利益業績と利益獲得に使われた使用資本との合成指標，たとえば使用資本利益率で事業部業績を測定する場合をいう。使用資本利益率で業績が測定されると，事業部長は使用資本が利益に及ぼす作用を考え，投資決定に対して一層能動的に影響力を行使すると考えられる。インベストメントセンターに対して，事業部業績を利益業績だけで測定する場合が**狭義のプロフィットセンター**となる。

§2 事業部利益の測定

1■ 事業部貢献差益は管理可能

以下では，具体的な問題を取り上げる。第1は，**事業部利益の測定**である。企業目的自体の多元性や利益業績の短期性もあって，事業部業績の次元としては，事業部の成長性や市場占拠率等を無視できない。しかし，利益業績は，利益責任を伴う事業部制組織の特徴からいうと，最も重要な次元といえる。

事業部利益には4つの概念がある（**図10.1**参照）。まず，**事業部限界利益**は，事業部売上高から事業部変動費を控除した利益概念である。事業部長に利益計画の権限が少なくとも委譲される状況では，事業部長は，変動費の範囲を超えて事業部の原価に影響可能性をもつ。したがって，事業部限界利益は，事業部の業績管理上の最終的な業績利益ではない。

次に，**事業部短期業績差益**は，事業部限界利益から事業部短期管理可能固定費を控除した利益概念である。この短期管理可能固定費は，事業部に直接帰属可能な個別固定費中のマネジド・キャパシティコスト（開発費，広告宣伝費，教育訓練費など）である。したがって，少なくとも利益計画の権限が委譲される事業部制組織では，この原価は，事業部長にとって短期の利益管理の対象となる。このことから，この事業部短期業績差益が事業部の業績管理上の業績指標として最も適切とする見解もある。

しかし，事業部制組織における責任権限関係の弾力化を考えると，事業部長は，狭義のプロフィットセンターの場合であっても，事業部固定資産に対して影響可能性をもっている。したがって，この利用に伴って発生する個別コミッティッド・キャパシティコストに対して，事業部長は長期的な管理可能性をもっていると考えるのが妥当である。このような個別コミッティッド・キャパシティコストを「その他個別固定費」として事業部短期業績差益から控除したのが第3の利益概念の**事業部貢献差益**である。

図10.1　事業部利益の概念

売　　上　　高
変　　動　　費
限　界　利　益
短期管理可能固定費
短　期　業　績　差　益
その他個別固定費
貢　献　差　益
本社費・共通費配賦額
純　利　益

　ここにおいて，**貢献差益**とは，一般に，固定費の回収と利益獲得に対する貢献額をいう。**図10.1**における事業部貢献差益については，本社費・共通費の回収と全社利益の獲得に対する貢献額である。

2■ 本社費・共通費を配賦する

⑴ 事業部純利益による業績管理：業績管理と事業責任

　次に，第4の利益概念つまり**事業部純利益**を説明する。これは，**図10.1**をみると，事業部貢献差益から本社費・共通費の配賦額を控除した利益概念である。

　事業部純利益が事業部業績管理に適切かどうかを説明するまえに，本社費・共通費について述べておこう。本社費・共通費のなかには，事業部に直接賦課できる部分もある。本社・共通部門のサービス利用高が測定できて，この利用高に関わる原価が直接認識できる場合がこれである。たとえば，本社資材部では事業部の購買高，本社物流部では取扱量，IT部門では事業部発注のソフト開発やソリューションサービスに基づいて，原価の一部を事業部に賦課できる。

　賦課できる範囲は最近広がりつつある。それは企業グループ内で間接部門の業務の一部または全部をシェアしたり，グループ外にもサービスを外販したりするシェアドサービスが広がりつつあるからである。上述の部門以外にも，人事部や経理部のサービスの一部または全部にこのような傾向がみられる。この

場合，料率が設定されるので，そのサービス利用の原価は，サービス利用高に
料率を掛けて事業部に賦課される。

　賦課される本社費・共通費以外の本社費・共通費は，事業部長がサービス利
用高も，またその原価もコントロールできないため，事業部長には管理不能で
ある。したがって，事業部純利益による業績測定は，管理可能性基準からは導
かれない。これを理由として，本社費・共通費の配賦を否定するのが伝統的な
管理会計における通説となっている。

　しかし，わが国やアメリカの実務をみると，事業部純利益による業績測定が
むしろ一般的となっている。そこで，管理可能性基準に基づく通説と実務との
ギャップを説明する必要がある。実務のケースがすべて不適切な方法を選択し
ているとは考えられない。この点，管理可能性基準が原価管理のための原価の
区分・集計基準つまりコストセンターにおける基準として展開されたことを考
慮しなければならない。プロフィットセンターにおいて，コストセンターの基
準がそのまま適用できるかどうかの検討が必要である。

　業績管理の PDCA サイクルで考えると，全社的には，本社費・共通費を回
収しないと，利益は生まれない。そこで，全社利益計画に際して，本社費・共
通費の予定額をあらかじめ事業部に配賦しておき，この配賦額を含めて事業部
利益目標を純利益で設定する方法が第1に考えられる。この場合，事業部業績
は，事業部純利益で集計される。

　もっとも，事業部利益目標は，事業部貢献差益で設定することも考えられな
くはない。利益目標設定にあたって，全社利益目標が達成できるよう，本社
費・共通費を考慮して，事業部の貢献差益目標を定めることもできる。この場
合，事業部貢献差益で業績が測定される。

　それでは，多くの会社において，なぜ事業部純利益による業績測定が行われ
ているのであろうか。解釈としては，利益責任を遂行する際に，競合他社の業
績や事業としての収益性を意識した環境への対処が事業部長に求められている
と考えられる。この場合，事業部長に**事業責任**を問うことになるが，業績測定
上はすべての原価を回収した後の事業部純利益を業績管理上の指標に用いるこ

とになる。

　もちろん，これは，**事業部長の自律性**が高い状況を想定している。したがって，この自律性が低い場合には，事業部長に事業責任までは問わずに，管理可能な範囲の貢献差益で業績を測定することになると考えられる。

　以上が事業部純利益で事業部業績を管理する場合の主な理由であるが，これ以外に2つの理由がありえる。

　第1は「本社費・共通費の牽制機能」である。本社費・共通費が事業部に配賦されると，事業部側から本社・共通部門の原価やサービスに対してチェックがかかり，これが本社費・共通費の抑制効果をもつというのがこれである。

　第2に，本社費・共通費を事業部に配賦する際に，事業部従業員数や事業部使用資本などといった資源配分量で配賦すると，事業部が事業部従業員数や使用資産をコントロールするという考え方もある。

(2)　予定一括配賦法

　事業部純利益が事業部の業績管理の指標に適用できるといっても，本社費・共通費の発生額は，事業部長にとって管理不能であることはたしかである。また，その配賦額は，場合によっては，他事業部の業績の影響を受けることもある。前者は明らかであるので，後者を説明する。

　表10.1では，本社費は，売上高を基準に実際配賦されている（共通費は省略）。予算では，本社費は80百万円，全社売上高は500百万円であるから，本社費配賦率は0.16円（80÷500）であり，A事業部の予算売上高300百万円に対して48百万円（300×0.16），B事業部の予算売上高200百万円に対して32百万円（200×0.16）だけ本社費が予算上配賦される。この配賦後の事業部純利益の予算は，**表10.1**をみると，A事業部が62百万円，B事業部が8百万円である。

　次に，実績について**表10.1**をみると，A事業部は売上高，変動費，事業部個別固定費ともにすべて予算どおりの実績を上げている。したがって，事業部貢献差益の実績は予算どおりである。しかし，事業部純利益では，予算との差異は12百万円の不利差異となっている。

| | 表10.1　予定一括配賦法 |

（単位：百万円）

	A事業部			B事業部		
	予算	実績	差異	予算	実績	差異
売　上　高	300	300	0	200	100	-100
変　動　費	150	150	0	120	60	-60
限　界　利　益	150	150	0	80	40	-40
事 業 部 個 別 固 定 費	40	40	0	40	40	0
事 業 部 貢 献　差　益	110	110	0	40	0	-40
本社費配賦額	48	60 (48)	12 (0)	32	20 (32)	-12 (0)
事業部純利益	62	50 (62)	-12 (0)	8	-20 (-32)	-28 (-40)

　これはB事業部の業績悪化が原因で，本来はA事業部の業績とは無関係である。B事業部の売上高が予算より減少した結果，全社の実際売上高が400百万円に減少すると，本社費80百万円の実際配賦率は0.2円（80÷400）に上昇する。この結果，A事業部の本社費配賦額が60百万円（300×0.2）に12百万円増加し，この分だけA事業部の純利益に不利差異が生じた。これはA事業部にとって管理不能である。

　この管理不能な要因は本社費・共通費の配賦に予定一括配賦法を用いることで回避できる。この方法では，予算において配賦額が決まると，配賦額をその金額に固定してしまう。つまり，予算における予定額を一括して配賦する方法である。この場合，本社費・共通費が本社や共通部門において増減しても，事業部への配賦額は不変である。また，上述した他事業部の業績の影響も排除することができる。上例では，本社費配賦額と事業部純利益について，下段に括弧書きした部分が予定一括配賦法の場合である。A事業部への配賦額は予算配賦額の48百万円がそのまま適用されるので，実績の事業部純利益は予算どおりの62百万円である。他方，B事業部の純利益は予算と比べて40百万円の不利

差異となっている。売上高が減少した以外はB事業部の業績悪化の要因はないので，これは売上高減少による限界利益の差異に一致している（**表10.1**参照）。

(3)　配賦基準

　次に，本社費・共通費を配賦する具体的な基準を述べる。**本社費・共通費の配賦基準**としては，売上高，使用資本，従業員数または人件費がよく使われる。これらはいずれも事業部の規模を表す基準である。しかし，規模が大きいから負担させるというだけでは，事業部に対する説得力に欠ける。この点，使用資本や従業員数または人件費は同じく規模の基準であっても，事業部への資源配分を表している。したがって，資源配分に応じた配賦ということでは，売上高による配賦よりも事業部に対する説得力は高いと考えられる。

　以上では，単一の基準で本社費・共通費を配賦する**単一基準**を想定してきたが，**複合基準**も知られている。これは，たとえば本社費・共通費の60％を使用資本で配賦し，残りを従業員数で配賦するというように，複数の基準を用いることで配賦の説得力を高めることを意図している。この例では，事業部への資源配分の総量を総資産0.6，従業員数0.4でウエイトづけていることになる。

§3　インベストメントセンターの業績測定

1■　事業部使用資本利益率を測定する

　次に，インベストメントセンターの業績測定指標としては，**事業部使用資本利益率**を取り上げる。これは，短期の期間限定の上で測定される。しかし，固定資産への投資を含めた投下資本が分母にとられているため，投資業績がこの利益率に反映される。そこで，資本利益率は，短期利益業績と長期投資業績との総合指標であり，長期的観点との結びつきが得やすい。以下，事業部利益の測定は前節を参照すればよいので，事業部使用資本の測定だけを述べる。

　第1の問題は，使用資本に期首，期末あるいはこの平均のどれを適用するか

である。利益の獲得に使用された資産は，期首や期末のそれでないことは明らかである。現実には，期首と期末の平均を用いることが考えられる。しかし，使用資本の確定には一般に時間がかかることから，平均を適用すると，事業部業績の測定，したがって期中の是正アクションが遅れてしまう。このため，場合によっては，期首の使用資本をとりあえず用いることも考えられる。

　事業部使用資本測定の第2の問題は，事業部固定資産をその取得原価で評価するのか，それともこれから減価償却累計額を控除した正味簿価で評価するかである。組織全体の業績測定では，これを正味簿価で評価することに疑問の余地はない。減価償却は，収益からの投下資本の回収を意味している。したがって，投下資本の投資業績を測定するには，未回収の正味簿価を分母として，これに当期利益を対応させる必要がある。

　取得原価による評価では，減価償却費控除後の利益と減価償却累計額控除前の資産を対応づけるという非首尾一貫性が生じる。また，減価償却によって回収された資本は，現金預金として保留されるか，他の資産，特に固定資産に再投資される。したがって，固定資産を取得原価で評価すると，投下資本を減価償却累計額だけ二重計算することになる。

　以上の根拠にも関わらず，事業部業績の測定では，固定資産を取得原価で評価すべきとする議論がかなりみられる。事業部制組織では，減価償却で回収された資本が必ずしも同一の事業部に再投資されるとはかぎらないことがその根拠になっている。しかし，取得原価を使うことによって生じる業績測定の歪みと比べると，この問題は大きくはない。

　事業部使用資本測定の第3の問題は，本社資産・共通資産の配賦の可否である。これは本社費・共通費の配賦に準じて考えることができる。本社資産・共通資産に対する事業部長の管理不能性から，この配賦を否定する見解もあるが，業績管理の観点から再検討が必要である。事業部利益の測定に関してすでに述べたのと同様に，事業部長の自律性が高く，競合他社の業績や事業としての収益性を睨みながら環境に対処しているような場合，本社資産・共通資産の配賦分を含めた使用資本に対する利益率が業績管理に使われると考えられる。

2■ 社内金利制度・社内資本金制度はインベストメントセンターの仕組み

　以上，事業部使用資本利益率の測定を述べてきたが，わが国ではこの利益率を業績管理に使っているケースはそれほど多くないといわれている。もっとも，インベストメントセンターと呼べるほど，投資決定に対する事業部長の影響可能性が大きいケースがあまり多くないという意味ではない。わが国では，事業部使用資本利益率による業績管理に代わって，わが国独自の社内金利制度や社内資本金制度が使われている。

　まず，**社内金利制度**では，利益獲得に使われた使用資本に対する意識を事業部長に植えつけるために，使用資本に対して社内的に一定の利子を課し，この社内金利を事業部利益から控除した金額を指標として業績管理が行われる。この制度は多くの会社で実践されている。ここで注意を要するのは，社内金利制度は金利を事業部に負担させようとする制度ではないことである。むしろ，事業部の使用資本に対して，社内金利（事業部使用資本×利率）に相当する利益の獲得を最低限求めている。

　社内金利制度を発展させたのが**社内資本金制度（内部資本金制度）**である。これは，事業部に資本金を割り当てることによって，事業部をあたかも独立会社のように運営させることを狙いとしている。通常，資本金を事業部固定資産等を基準として各事業部に配分して事業部資本金が設定される。この資本金に対して，事業部は，本社に一種の配当的な納入金を支払うが，割り当られた資本金を使って事業活動を展開する点は独立会社に近い。資金が不足すると，一時的に本社または他事業部から借り入れ，これに対して社内的に金利を支払う。事業部利益の一定割合を事業部内に留保させている場合もある。

§4　振替価格の設定

1■ 振替価格設定基準を選択する

　最後に，振替価格の設定を取り上げる。以下の３つの基準が知られている。

① **市価基準**……事業部がプロフィットセンターであることからいうと，内部利益を含む振替価格の設定が原則である。このような設定法として一般に知られているのは，**市価基準**である。この基準では，事業部間で振り替えられる生産物（振替製品）またはその類似製品に市場が存在する場合，市場で成立している市価をベースに振替が行われる。この基準には２つの方法がある。第１は**市価法**であり，市価そのもので振替が行われる。

　市価基準の第２の方法は**市価マイナス法**と呼ばれる。この方法では，市価から一定金額を控除した金額で振替価格が設定される。これは，販売費及び一般管理費の一部が社内販売の場合発生しないことから，振替製品の受入事業部がこの金額を負担する必要がないという考え方である。これに対して，社内で調達できなければ，社外購入の市価を負担した上で，利益も確保する必要があるとして，振替製品の受入事業部が市価を全額負担すべきとする論理もある。

　なお，営業部が本社に集約されている場合，営業部の**販売手数料**を設定し，市価からこの手数料を控除して，事業部の収益を計算する方式がとられることがある（**販売手数料方式**）。これも市価基準に属する。

② **原価プラス基準**……振替製品または類似製品の市場が存在しないときに，内部利益を含む振替価格設定法を適用しようとすると，**原価プラス基準**によらざるをえない。原価加算のベースとしては，全部原価（通常は予定原価または標準原価）が一般的であるが，直接原価（変動費）を用いることもある。原価加算には，供給側と受入側両事業部の売上高利益率または使用資本利益率が等しくなるように利益を配分する方式が考えられる。使用

資本利益率が等しくなるよう配分するものとして，簡単な数値例を示すこ
とにしよう。

［問題１］

　事業部 A は，事業部 B から部品 S の供給を受け，この部品１個とその
他部品を組み立てて，完成品 Z を市場で販売している。利益計画において，
振替部品や完成品に関する情報は**表10.2**のとおりである。完成品の限界
利益を両事業部の使用資本の比率で配分するものとして，振替価格を原価
プラス基準により設定しなさい。

表10.2　売価と変動費	振替製品S	完成品Z
売　　　　　価	－	340円
変　動　費[*]	50円	150円
使　用　資　本	4,000百万円	6,000百万円

＊事業部費のみ

［解答］

　振替製品の変動費を含めると，完成品 Z の変動費合計は200円であるか
ら，その限界利益は140円である。これを使用資本の比率で配分すると，
供給事業部への利益配分額は40％の56円となる。したがって，振替価格は
106円（＝50＋56）となる。

---

③　**原価基準**……プロフィットセンターとしての性質からすると，内部利益
　を含む振替価格の設定が一般的である。しかし，事業部制を採用して間が
　ないような企業では，コストセンター間の振替の方法つまり**原価基準**をそ
　のまま使うことがある。また，新規事業部に対する振替の場合，負担能力
　を考慮して例外的に原価基準を適用することもある。原価には，全部原価
　が一般に用いられる。

2■ 振替価格をスライドさせる

(1) 固定的振替価格制度

　次に，振替価格制度の運用を考える。市価基準の場合，振替の都度の市価を振替価格に使うことになろう。振替製品の供給事業部もまた受入事業部もその都度の市価に応じて環境に対処しなければならないからである。市場の状況に合わせて振替価格をスライドさせる場合を**変動的振替価格制度**という。上で説明した市価基準の運用がこれに該当する。

　これに対して，原価プラス基準や原価基準の場合，**固定的振替価格制度**の適用も考えられる。この制度では，利益計画で設定された振替価格が予算年度内は固定して使われる。市価基準の場合にも，こういったケースが見受けられる。その根拠は，管理可能性基準である。

　［問題１］の数値例を使って，まず原価プラス基準について説明を加える。事業部 A の売価が320円に下落した以外は利益計画どおりであったとする。製品当たりの限界利益について，予算実績比較は**表10.3**のとおりとなる。

　事業部 A において，変動費は256円（自事業部費150円＋利益計画で設定された振替価格106円）で，変動費差異はゼロである。したがって，事業部 A の限界利益の差異は20円の不利差異であり，これは売価の下落分に相当する。他方，事業部 B では，振替価格は106円で固定であるし，実際原価は予定原価どおりであるから，限界利益の差異はゼロである。このように，固定的振替価格制度では，管理可能性基準に従って，事業部 A は完成品の販売と自事業部費，

表10.3　固定的振替価格制度の場合

		受入事業部 A			供給事業部 B		
		予算	実績	差異	予算	実績	差異
		円	円	円	円	円	円
売	価	340	320	-20	106	106	0
変	動 費	256	256	0	50	50	0
限 界 利	益	84	64	-20	56	56	0

事業部Bは自事業部費に対する責任というように，両事業部で責任が分離されている。

(2)　変動的振替価格制度

これに対して，**変動的振替価格制度**は，利益責任をもつ事業部であっても，事業部間の共同責任を組み込んだシステムである。完成品に対する主な責任は受入事業部にある。しかし，完成品の売価下落の原因は大部分が外部要因である。そこで，完成品の売価下落に対応して，受入事業部だけでなく，供給事業部にも原価低減を促すような仕組みを作り出そうとする制度が生まれた。

上例において，利益計画時には，限界利益の配分比率だけを決めておくものとする。完成品の売価が320円に下落すると，限界利益は120円（＝売価320円－変動費合計200円）となる。この40％を供給事業部に配分すると，振替価格は98円（＝120円×0.4＋50円）に調整される。この場合，売価変動に対応した原価低減を誘発することが目的であるので，供給事業部における原価が変動しても，この原価差異に対する調整は行われない（供給事業部における材料高騰に全社的に対応する場合，これに対して調整を加えることも考えられる）。

振替価格をこのようにスライドさせると，受入事業部の変動費は248円（自事業部費150円＋振替価格98円）となり，これを完成品の売価から差し引くと，実績の限界利益は72円であるから，限界利益の差異は不利差異の12円である（**表10.4**参照）。この例では，変動費は予算どおりであったが，予算を達成するには12円の原価低減が必要とされたのである。他方，供給事業部では，**表10.4**を

表10.4　変動的振替価格制度の場合

	受入事業部A			供給事業部B		
	予算	実績	差異	予算	実績	差異
	円	円	円	円	円	円
売　　　価	340	320	-20	106	98	-8
変　動　費	256	248	-8	50	50	0
限　界　利　益	84	72	-12	56	48	-8

みると，振替価格が8円下がった結果，限界利益の差異が8円（不利差異）生じる。予算どおりの限界利益を達成するには，8円の原価低減が必要となる。

　次に，原価基準の運用に変動的振替価格制度を適用する場合であるが，これは原価基準の原価に実際原価を用いる場合といえる。しかし，実際原価を振替に用いることは，原価責任を振替製品の受入事業部に転嫁することになる。したがって，たとえば材料価格の高騰などの場合を除いて，原価基準の振替価格をスライドさせることはないと考えるのが妥当である。

第10章　練習問題

設問　a〜hの空欄を適切な用語で補いなさい。
- (1) 事業部間にはさまざまな相互依存性が存在する。このため，事業部長は（　a　）責任，また利益責任を課せられるといっても，その責任権限関係は（　b　）的で，本社や他事業部の資源を利用できるよう，本社トップマネジメントや他事業部長に自律的に働きかけないと，自己の責任を果たせない。
- (2) 事業部（　c　）差益は事業部長にとって管理可能である。しかし，競合他社の業績や事業としての収益性を考慮した業績管理を事業部長に求める場合，事業部（　d　）による業績管理が行われる。
- (3) インベストメントセンターにおいて，事業部（　e　）による業績管理に代わって，わが国独自の社内金利制度や（　f　）制度も使われている。
- (4) 振替価格設定の基準として，市価基準，（　g　）基準，原価基準の3つがある。振替価格制度の運用の方法には固定的振替価格制度と（　h　）振替価格制度がある。

戦略管理会計
システム

第11章

ABC/ABM

学習のポイント

第Ⅲ部「戦略管理会計システム」では,第11章「ABC/ABM」と第12章「バランスト・スコアカード」を取り上げる。本章での学習の目標は,以下の3点を理解することである。

(1) 戦略管理会計とは何なのか。

(2) ABC が生成した背景は何なのか。ABC において,活動のコストプールに集計された製造間接費(活動原価)が原価計算対象にどのように配賦されるのか。

(3) ABM が何を目的としているのか。また,ABM がどのように進められるのか。

§1 戦略管理会計の意義

1■ 管理会計は戦略実施のシステム

　第Ⅱ部「基本の PDCA サイクル」では,長期経営計画,設備投資計画,利益計画,予算管理や原価管理といった管理会計における伝統的管理システムを取り上げた。これらは,基本の PDCA サイクルの全体を示した**図1.2**から分かるように戦略実施のシステムである。長期経営計画,利益計画,予算編成という一連の流れのなかで,戦略実施のために,企業のとるべき活動が徐々に具体的に計画される。また,予算編成を通じて,責任と責任遂行に必要な資源を

さまざまな階層の部門管理者に割り付けた上で，部門業績目標を達成するよう，PDCA サイクルにおいて部門管理者に働きかけが行われる。

　基本の PDCA サイクルはこのように全体としては戦略実施のシステムである。しかしながら，基本の PDCA サイクルにおける個別の管理システムをみると，長期経営計画（これに組み込まれる設備投資計画などの個別構造計画を含む）を除いて，長期目的や経営戦略に直接リンクしているわけではない。むしろ，利益計画，予算管理や原価管理は日常業務に関連した業務的管理会計システムである。

　他方，長期経営計画とこれに組み込まれる個別構造計画は，長期目的や経営戦略を実現する上で，この計画期間に取り組むべき戦略課題を洗い出し，この課題解決に焦点を当てて個別構造計画を総合的に立案するプロセスであるという点で，戦略的計画である。

　このような戦略的計画以外に，本章で説明する ABC/ABM や次章で述べるバランスト・スコアカードなどのシステムが登場するに及んで，戦略管理会計（strategic management accounting）の概念が登場することになった。以下，戦略管理会計システムとは何かを考えよう。

　第1に，戦略管理会計は，意思決定アプローチと業績管理アプローチと並ぶ管理会計に対する第3のアプローチではない。戦略管理会計は，長期経営計画，ABC/ABM，バランスト・スコアカードなど，後述の特性を持った管理会計システムの総称である。

　第2に，戦略管理会計は，あくまでも戦略実施のマネジメントコントロールのシステムである。長期経営計画だけでなく，ABM やバランスト・スコアカードも PDCA サイクルを伴っているし，このサイクルを伴わない場合であっても，ABC が役立とうとする製品構成計画も長期経営計画の一部である。

　もっとも，戦略管理会計を戦略実施のシステムと理解したのは，管理会計情報が経営戦略の策定や形成につながらないという意味ではない。すでに述べたように，予算差異分析は長期目的や経営戦略にフィードバックされるし，事業部業績を含めた業績情報も経営戦略における資源配分に使われる。それにも

かかわらず，管理会計は，戦略実施のシステムとして発展してきたし，ABC/
ABMやバランスト・スコアカードなどが登場しても，その特徴は変わること
はない。

2■ 戦略管理会計の2つのタイプ

　それでは，第3に，長期経営計画，ABC/ABMやバランスト・スコアカー
ドなどを戦略管理会計と総称することにはどのような意義があるのであろう
か。それは，経営戦略に直接焦点を当てることによって，戦略実施を促進した
り，競争優位や組織変革をもたらしたりできるシステムが生成・発展したこと
に求められる。管理会計が戦略実施のシステムとしての役割を拡充したといえ
る。定義しておくと，**戦略管理会計**とは，経営戦略に直接焦点を当てることに
よって，戦略実施を促進したり，競争優位や組織変革をもたらしたりするシス
テムをいう。

　戦略実施への役割からみると，戦略管理会計のシステムを2つのタイプに分
けることができる。第1は，マネジメントコントロールのPDCAサイクルに
おいて経営戦略に焦点を当てることによって，戦略実施を促進して競争優位を
もたらすシステムである。このタイプに属するのは，長期経営計画の他，次章
で解説するバランスト・スコアカードである。これらは，経営戦略に焦点を当
てることから，**戦略マネジメント**（strategic management）のシステムとい
える。

　バランスト・スコアカードでは，経営戦略から4つの視点の戦略目標を洗い
出し，これを着実に実現するさまざまな仕組みが組み込まれている。

　戦略管理会計の第2のタイプは，長期経営計画上の多様な個別構造計画や案
件に関連したシステムであるとともに，競争優位や組織変革を生み出すシス
テムである。本章で取り上げるABC/ABMはこのタイプに属する。ABCでは，
原価計算対象への製造間接費の配賦を精緻化することによって，製品やサービ
スなどの原価計算対象の原価計算を再構築する。この結果，原価計算対象の収
益性が的確に測定でき，長期経営計画上の製品構成計画を合理化できる。

ABM は，戦略的コストマネジメントのシステムの１つであり，ビジネスプロセスの革新つまり BPR（business process reengineering）に役立つ。

　第13章で述べる原価企画も第２のタイプの戦略管理会計システムといえる。このシステムは，製品開発計画の一環としてもたれるが，抜本的な原価低減に加えて，顧客満足の増大や開発期間の短縮を目的としている点で，競争優位をもたらすシステムである。

§2　ABC

1■ ABC がなぜ生成したのか：ABC の目的

　以下 ABC から説明をはじめる。

　伝統的全部原価計算では，製品やサービスなどの原価計算対象に対して直接跡づけることができない原価つまり製造間接費がすべて製造部門に区分・集計される。そして，このように集計された製造間接費（製造部門費）が直接作業時間や機械運転時間などの操業度を基準として製品に配賦される（第５章参照）。

　しかしながら，このような配賦は，FA 化や CIM 化が進展するにつれて，また消費者ニーズの多様化に伴って多品種少量生産が進むに従って，計算結果が正確な製品原価を示さないという問題を表面化させた。多品種少量生産の製品やサービスは生産ロットサイズが小さく，たとえば設計活動，また材料受入活動や段取活動などの生産支援活動に手間がかかる。それだけ，多品種少量生産品には製造間接費が多額にかかっているはずである。

　他方，多品種少量生産品の生産量は少ない。このため，生産量に関連した操業度を示す直接作業時間や機械運転時間で製造間接費を配賦すると，多品種少量生産品の製造間接費配賦額が少なくなってしまう。そこで，全部原価ベースの収益性が真実に反して高く計算される結果となり，本来は収益性の低い多品種少量生産品が製品構成に多く残ってしまう可能性が生まれる。

　伝統的全部原価計算のこのような歪みを是正するため登場したのが ABC

（activity-based costing：**活動基準原価計算**）である。まず，ABC を定義する。
ABC とは，経営資源の消費を原価計算対象と関連づけて，正確な原価，したがっ
て正確な収益性を計算することによって，戦略的な製品構成計画に役立つこと
を目的とした原価計算をいう。

　この定義における ABC の目的は，それが登場した背景から考えて明らかで
ある。伝統的全部原価計算上は，製造間接費を回収しても長期的に十分収益力
があると判断される製品やサービス，特に多品種少量生産品の一部が，ABC
によって製造間接費配賦の歪みを是正すると，収益力が低かったり，極端な場
合赤字であったりすることがある。この場合，ABC によって問題が認識・分
析されると，長期経営計画のなかで製品構成計画が見直される。多品種少量生
産品のモデルの統廃合が検討されたりするのである。

2■ ABC の計算構造を理解する

⑴　活動の設定

　次に，ABC の計算構造を説明する。**図11.1**に示したように，ABC における
製造間接費の配賦は 2 つの計算段階を踏む。これを理解するには，活動の概念
を知っておかなければならない。**活動**（activity，**アクティビティ**）とは，材
料受入活動，機械加工活動，製品組立活動や品質検査活動など，特定の機能を
遂行する業務をいう。そして，この活動に対して原価が区分・集計される。そ
こで，集計単位となる活動が**コストプール**（cost pool）と呼ばれる。

⑵　資源ドライバー

　図11.1によると，製造間接費は，活動が経営資源をどれだけ消費したかを
基準に活動に配賦される。この基準に使われるのが資源ドライバー（resource
driver）である。**資源ドライバー**とは，活動による資源消費を示す尺度である。
たとえば，倉庫係は，材料購入請求活動（最低在庫量になると，工場資材係に
材料の補充を請求），保管活動や材料出庫活動（製造からの材料請求に対して
材料を出庫）などの活動に従事している。これらの活動に対して，必要な数の

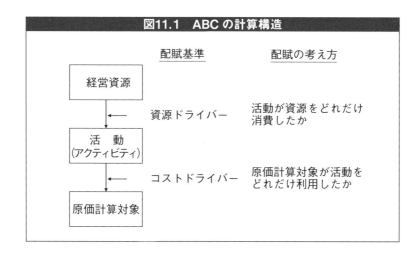

図11.1　ABC の計算構造

人材が配置されていて，この人数分の総作業時間が資源として準備されている。そこで，倉庫係賃金の資源ドライバーは作業時間である。材料購入請求活動や材料出庫活動などの各活動はその活動に関連した倉庫係の作業時間分だけ資源を消費している。このため，作業時間を基準として各活動のコストプールに原価を配賦する。

　段取工賃金や検査工賃金についても，それぞれ段取活動と検査活動に必要な時間分の作業者が資源として準備されている。しかし，これらの作業者がそれぞれの活動に専従しているかぎり，全時間分が結果的に活動に対して直課される。

⑶　**コストドライバー**

　活動のコストプールに集計された製造間接費（活動原価という）は，次に原価計算対象に配分される。このとき使われるのがコストドライバー（cost driver）である。コストドライバーは，一般には原価に影響を及ぼす要因（原価作用因）をいうが，ABC ではコストプールに集計された活動原価の配賦基準を同時に意味している。つまり，コストドライバーは，原価計算対象による活動の利用を示す尺度であり，コストプールに集計された活動原価を原価計算

対象に配賦するのに使われる。

　原価作用因からいうと，原価計算対象が活動を利用することによって原価が発生する。ABC では，上述のように，製造間接費の根底にある資源の消費に基づいて製造間接費が活動のコストプールに集計されている。したがって，コストプールに集計された活動原価をコストドライバーで原価計算対象に配賦することによって，資源の消費を原価計算対象と結びつけることができる。この結果，製造間接費と原価計算対象との因果関係が明確となり，原価計算の正確性が高まる。

　コストドライバーを設定する際には，第1に活動との因果関係を考慮しなければならない。たとえば，段取活動についていうと，通常は段取回数がコストドライバーにとられる。それは，段取回数が段取活動量を表す尺度と考えられるからである。同様に，材料出庫活動も出庫回数がコストドライバーとなる。

　これに対して，検査活動（全品検査を前提）や梱包活動はそれぞれ検査時間と梱包時間をコストドライバーとするのが妥当である。これらの活動はロットサイズが大きくなると，それだけ時間もかかるからである。

　以上，ABC の計算構造を説明してきたので，簡単な数値例を使って理解を深めることにしよう。なお，この数値例では，第1の計算段階が終わって，すでに製造間接費が活動のコストプールに集計されているものとする。

[問題1]

　製品Yと製品Zを製造しているA社における当月の原価データと生産データは**表11.1**のとおりであった。下記の設問に答えなさい。

表11.1　原価と生産のデータ

	コストドライバー	製品Y	製品Z	合計
生産量		10,000個	2,000個	—
直接材料費		7,000,000円	1,600,000円	8,600,000円
直接労務費		4,000,000円	1,000,000円	5,000,000円
製造間接費				5,827,500円
材料受入活動	受入回数	5回	5回	120,000円
段取活動	段取回数	5回	5回	300,000円
組立活動	直接作業時間	5,000時間	1,250時間	4,375,000円
検査活動	検査時間	500時間	150時間	552,500円
梱包活動	梱包時間	500時間	100時間	480,000円

(1)　伝統的全部原価計算により製品原価を計算しなさい。ただし，製造間接費の配賦基準は組立工の直接作業時間とする。

(2)　ABCにより製品原価を計算しなさい。

[解答]

(1)

$$製 造 間 接 費 配 賦 率 = 当月製造間接費$$
$$÷組立工直接作業時間合計$$
$$= 5,827,500円 ÷ (5,000時間 + 1,250時間)$$
$$= 932.4円／時間$$

$$製品 Y 製造間接費配賦額 = 932.4円／時間 × 5,000時間$$
$$= 4,662,000円$$

$$製品 Z 製造間接費配賦額 = 932.4円／時間 × 1,250時間$$
$$= 1,165,500円$$

製造原価を集計し，製品原価を求めると，**表11.2**のとおりである。

	製品 Y	製品 Z	合計
表11.2　伝統的全部原価計算			
直接材料費	7,000,000円	1,600,000円	8,600,000円
直接労務費	4,000,000円	1,000,000円	5,000,000円
製造間接費配賦額	4,662,000円	1,165,500円	5,827,500円
製造原価	15,662,000円	3,765,500円	19,427,500円
生産量	10,000個	2,000個	―
製品原価	1,566.2円	1,882.75円	―

(2)

　材料受入活動以下のコストプールに集計された活動原価を製品に配賦すると，次のようになる。

材料受入活動費　　　120,000円÷（5回＋5回）＝12,000円／回

　　製品 Y 配賦額　　12,000円／回×5回＝60,000円

　　製品 Z 配賦額　　12,000円／回×5回＝60,000円

段取活動費　　　　　300,000円÷（5回＋5回）＝30,000円／回

　　製品 Y 配賦額　　30,000円／回×5回＝150,000円

　　製品 Z 配賦額　　30,000円／回×5回＝150,000円

組立活動費　　　　　4,375,000円÷（5,000時間＋1,250時間）＝700円／時間

　　製品 Y 配賦額　　700円／時間×5,000時間＝3,500,000円

　　製品 Z 配賦額　　700円／時間×1,250時間＝　875,000円

検査活動費　　　　　552,500円÷（500時間＋150時間）＝850円／時間

　　製品 Y 配賦額　　850円／時間×500時間＝425,000円

　　製品 Z 配賦額　　850円／時間×150時間＝127,500円

梱包活動費　　　　　480,000円÷（500時間＋100時間）＝800円／時間

　　製品 Y 配賦額　　800円／時間×500時間＝400,000円

　　製品 Z 配賦額　　800円／時間×100時間＝　80,000円

この結果を集計すると，製造原価と製品原価は**表11.3**のとおりとなる。

表11.3　ABC

	製品 Y	製品 Z	合計
直接材料費	7,000,000円	1,600,000円	8,600,000円
直接労務費	4,000,000円	1,000,000円	5,000,000円
製造間接費			
材料受入活動	60,000円	60,000円	120,000円
段取活動	150,000円	150,000円	300,000円
組立活動	3,500,000円	875,000円	4,375,000円
検査活動	425,000円	127,500円	552,500円
梱包活動	400,000円	80,000円	480,000円
製造間接費合計	4,535,000円	1,292,500円	5,827,500円
製造原価	15,535,000円	3,892,500円	19,427,500円
生産量	10,000個	2,000個	―
製品原価	1,553.5円	1,946.25円	―

§3　ABM

1■　ビジネスプロセスを変革する

(1)　戦略的コストマネジメント

　次に，ABM（activity-based management，活動基準マネジメント）を解説する。ABM とは何かは，３つの特徴，戦略的コストマネジメント，顧客価値と原価低減の追求，ビジネスプロセスの変革で説明できる。以下，順に述べる。

　第１に，ABM は，ABC における活動基準の考え方を組織変革による**戦略的コストマネジメント**に適用しようとする試みである。つまり，ABM の目的は，BPR によりビジネスプロセスを変革して，戦略的に原価低減を図ることにある。

　コストプールに集計される活動原価の金額は，コストドライバーによって決まってくる。そこで，コストドライバーに的を当てて活動量を引き下げると，

活動が消費する資源を削減でき，原価低減を図ることができる。たとえば，部品購買に関わった活動の重要なコストドライバーは部品点数である。購入する部品の数を部品の標準化によって少なくすれば，購買関連の活動量が下がり，これらの活動が消費するヒト・モノ・カネ・情報の資源を抜本的に削減できる。

(2)　顧客価値と原価低減

　ABM の第 2 の特徴は，**顧客価値**の増大を図りつつ，原価低減を実現しようとする点である。ABM では，顧客にとって価値を生み出す活動かどうかに応じて，**付加価値活動**と**非付加価値活動**が区分され，原価低減上異なった指針が示される。ビジネスプロセスにおいて，顧客価値を直接生み出さない活動つまり非付加価値活動に原価低減の焦点を絞ることによって，顧客価値を下げないで，無駄な活動の統廃合を含む抜本的な変革を図るのである。たとえば，後述するように，製品開発における図面引直し活動は非付加価値活動であり，その活動の排除が検討される。

　これに対して，付加価値活動については，資源の有効利用や活動の効率化を進めることになる。資源が十分利用されていないことが分かれば，資源の再配分が求められる。

(3)　ビジネスプロセスの変革

　ABM の第 3 の特徴はビジネスプロセスの変革である。ABM は，活動基準の戦略的コストマネジメントであるが，ABM における分析の切り口はプロセスつまりビジネスプロセスである。ABC が原価計算対象で活動を切り取っているのとは対照的である。たとえば，ABM では，製品開発プロセスや営業プロセスなどのビジネスプロセスにおけるさまざまな活動の原価が分析される。プロセスの全体が分析の対象となる結果，プロセス内での活動の統廃合を検討することができるし，また部門横断的原価低減が可能となる。

　製品開発プロセスを例にとって説明する。このプロセスは**図11.2**に示すことができる。詳細は第13章に譲るが，製品開発は商品企画から始まる。商品企画

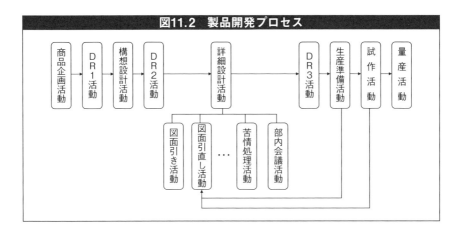

図11.2　製品開発プロセス

では，製品のコンセプトと顧客に提供する機能が計画される。これを受けて，構想設計では，製品の形状や仕様，また部品の形状・要求機能・位置取りが決まる。詳細設計では，量産用の詳細図面が引かれ，生産準備において資材を手配するとともに，生産ラインを設計する（工程設計）。そして，生産準備が終わると，量産に向けた試作を行い，問題がなければ量産に入る。これらが製品開発のプロセスである。

　しかし，製品開発はこのように一直線に進行するとはかぎらない。**図11.2**に示したように，生産準備や試作の段階で不具合が発見された結果，詳細設計の段階に戻って，図面を引き直すことが頻発したりする。図示していないが，場合によっては，構想設計を書き換えることもある。これらは，工程設計や量産上の問題を構想設計や詳細設計に際して十分に考慮していなかった結果生じたものである。たとえば，部品の装着位置が量産上不能率を生むような設計であることが工程設計の段階で分かると，設計図の引直しが求められる。

　図面引直し活動は製品開発の遅延をもたらすだけではない。顧客価値に結びつかない非付加価値活動であり，原価低減の主な対象とされる。しかしながら，この低減には製品開発プロセス全体の変革が求められる。開発初期において生産準備や量産上の問題が考慮されていないことが図面引直しの原因である。これを考えると，開発初期の担当者と生産準備や量産の担当者が部門横断的に開

発初期から情報を共有する体制を作っておく必要がある。そうしておけば，生産準備や量産の担当者が，工程設計や量産に関わる問題について構想設計や詳細設計の担当者に異なる立場からアイデアを注入できる。

この活動が**図11.2**における DR 活動つまりデザインレビュー活動である。図では，商品企画，構想設計と詳細設計の終了前に，それぞれ DR 1，DR 2，DR 3 がもたれる。DR とは，部門横断的なミーティングにおいて，製品コンセプトや顧客に提供する機能の実現度合いに関して審査を行った上で，先の開発ステージに進むかどうかを決定することをいう。この活動によって，開発後期に露見するかもしれない多くの問題を早期に解決できるため，構想設計や詳細設計における図面引直しの活動量，したがって，その活動原価を大幅に低減できる。

以上に基づいて定義すると，次のようになる。ABM とは，顧客価値の増大を図りつつ，ビジネスプロセスにおけるさまざまな活動の原価を分析することによって，このプロセスを変革して抜本的な原価低減を実現しようとする戦略的コストマネジメントのシステムである。

2■ ABM を実践する

⑴　ビジネスプロセスの選択

次に，ABM の実践プロセスを述べる。このステップは，①分析対象のビジネスプロセスの選択，②活動分析，③プロセス変革案の検討と実行，④業績測定の 4 つに分けることができる。

対象とするビジネスプロセスの選定が第 1 ステップとなる。無駄な活動つまり非付加価値活動が特に多いと認識されているプロセスを最初から選択して，分析を進めることもあるし，複数のビジネスプロセスを選択して，活動分析のステップで変革の対象とするビジネスプロセスを絞り込むこともある。

⑵　活動分析

ビジネスプロセスが選択されると，次のステップは**活動分析**である。これは

ABM の核心のステップであり，さらにいくつかのステップに区分できる。①活動の抽出，②活動属性の設定，③活動原価の測定，④変革対象の活動の絞り込みの4つがこれである。

①　**活動の抽出**……ビジネスプロセスにおける活動を抽出するステップである。収益性評価を目的とした ABC の場合とは異なり，ABM では，ビジネスプロセスを変革して原価低減を図るため多くの活動が抽出される。ビジネスプロセスがサブプロセス，さらにその下のプロセスに分解され，下位のプロセスについて活動の抽出を行うのが通常である。**図11.2**は，極端に単純化したものではあるが，詳細設計のサブプロセスについて，いくつかの活動を例示している。

②　**活動属性の設定**……ABM では，顧客価値を直接生み出す活動かどうかに応じて，付加価値活動と非付加価値活動を区分し，付加価値活動については効率化，非付加価値活動については無駄な活動の統廃合を含む変革を模索する。このため，付加価値活動かどうかの属性を各活動について設定しなければならない。実践的な判定基準としては，「製品の形状や機能の変化」を適用できる。この変化をもたらす活動が付加価値活動とされる。**図11.2**の例では，詳細設計サブプロセスにおける図面引直し活動，苦情処理活動や部内会議活動は非付加価値活動である。

③　**活動原価の測定**……資源ドライバーによって，原価をコストプールに集計してから，コストドライバー当たりの活動原価を計算するステップである。たとえば，詳細設計部門の人件費は，各活動にむけられた時間数を業務分析等によって集計し，この時間の割合でコストプールに配賦される。そして，各活動のコストドライバーを設定し，コストドライバー当たりの活動原価を計算する。コストドライバーの設定にあたっては，原価と活動との因果関係をまず考慮しなければならない。もっとも ABM では原価低減の効果を加味しなければならない。**図11.2**では，図面引直し活動のコストドライバーは，因果関係と効果の両面を考えて引直し回数とされる。活動原価の測定によって，図面の引直しにかかるコストが判明する。これを

明示できれば，この回数を削減するよう製品開発プロセスを変革しなけれ
ばならないことを社内で共有化できる。これは ABM の大きな強みである。

④　**変革対象の活動の絞り込み**……ABM によってビジネスプロセスの変革
に取り組む場合，分析対象の活動の数が多いため，非付加価値活動と識
別されたすべての活動を変革することは必ずしも経済的ではない。そこで，
活動原価が大きい活動（主要な活動）に焦点を絞ることになる。これが大
きいほど，原価低減効果が期待できるからである。

(3)　プロセス変革案の検討・実行と業績測定

　検討の対象となる活動が絞り込まれると，プロセスに関わる部門を横断して
プロジェクトチームを組織して，無駄な活動が生じた原因を調査し，この原因
を除去する方策を検討する。プロジェクトチームには目標が設定されるが，**図
11.2**の例では，コストドライバーは図面引直し回数であるから，この回数の削
減とこれによる原価低減の数値目標が与えられる。

　図面の引直しが生じる原因は，開発初期において生産準備や量産に関連した
問題が十分に考慮されなかったことである。開発後期に入って，図面がこれら
の問題に対応していないことが判明すると，図面引直しの必要が生じる。そこ
で，すでに述べたように，開発初期にデザインレビューを徹底的に行う方策が
検討・実行される。

　このようなデザインレビュー活動も，非付加価値活動である。しかしながら，
図面引直しによる活動原価と開発遅延による機会原価の両方を考えると，開発
初期にデザインレビューの負荷を掛けたほうが効果的といえる。このように
開発初期に負荷を掛けて早期に問題解決を図ることをフロントローディング
（front loading）という。図面引直しのコストに対して，開発初期に負荷を掛け
るコストがトレードオフされている。

　ABM によるビジネスプロセス変革の最終段階では，期待どおりの成果が得
られたかどうかがチェックされる。つまり，ABM によるビジネスプロセス変
革に関わるプロジェクトチームの業績測定が行われるのである。図面引直し削

減プロジェクトの例では，設定された目標，図面引直し回数とこれによる原価低減が業績測定の対象となる。この2つの指標について，目標が未達であれば，プロジェクトの期間内において対応策がチーム内でさらに検討される。

第11章　練習問題

設問　a～hの空欄を適切な用語で補いなさい。

(1)　戦略管理会計とは，経営戦略に直接焦点を当てることによって，戦略（　a　）を促進したり，競争優位や（　b　）をもたらしたりするシステムをいう。

(2)　ABCとは，（　c　）の消費を原価計算対象と関連づけて，正確な原価，したがって正確な収益性を計算することによって，戦略的な製品構成計画に役立つことを目的とした原価計算をいう。ABCにおける原価の集計単位となる活動（アクティビティ）がコストプールとされ，そこに原価が区分・集計される。製造間接費を超すとプールに配賦する基準は，（　d　）と呼ばれる。活動のコストプールに集計された製造間接費（活動原価）は，（　e　）を使って原価計算対象に配賦される。

(3)　ABMとは，（　f　）の増大を図りつつ，ビジネスプロセスにおけるさまざまな活動の原価を分析することによって，このプロセスを変革して抜本的な原価低減を実現しようとする戦略的（　g　）のシステムである。ABMでは，（　f　）を直接生み出す活動であるかどうかに応じて，（　h　）と非（　h　）を区分し，（　h　）については効率化，非（　h　）については無駄な活動の統廃合を含む変革を模索する。

より進んだ学習のために

　本章と次章で取り上げた戦略管理会計については，下記の書物を参照されたい。また，そこで示されている文献を読むことによって，さらに高度な学習に進んでもらいたい。

　浅田孝幸・伊藤嘉博編著『戦略管理会計（体系現代会計学第 XI 巻）』中央経済社，2011年。

第**12**章

バランスト・スコアカード

学習のポイント

本章では，戦略管理会計の2番目のシステムとして，バランスト・スコアカードについて解説を加える。本章での学習の目標は以下の3点を理解することである。

(1) バランスト・スコアカードとはどのようなシステムなのか。また，戦略マネジメントのシステムとして，どのような効果があるのか。

(2) 戦略目標の設定，そして成果指標とパフォーマンスドライバーによる PDCA サイクルが戦略実施にどのように役立つのか。

(3) バランスト・スコアカードにおける4つの視点，すなわち財務の視点，顧客の視点，社内ビジネスプロセスの視点，学習と成長の視点が戦略実施に対してもつ意義は何なのか。また，戦略マップが戦略実施にどのように役立つのか。

§1 バランスト・スコアカードの意義

1■ バランスト・スコアカードは戦略マネジメントのシステム

本章では，戦略管理会計システムの2つ目のシステムとして，バランスト・スコアカード（balanced scorecard）を取り上げる。まず，バランスト・スコアカードとは何か，またどのような効果を期待できるのかを説明する。

「バランスト・スコアカードとは何か」については，実に多様な定義を考え

ることができる。バランスト・スコアカードは，ハーバード大学のキャプラン（R. S. Kaplan）とコンサルタントのノートン（D. P. Norton）を中心に公開されてきたが，つねに進化していることがその理由である。

　バランスト・スコアカードは，財務的指標つまり利益指標などによる業績測定が，トップマネジメントを含めた経営管理者の短期的行動を誘発するとして，この問題を解決する処方箋ということで提案された。これが財務的指標に非財務的指標を加えた，**多元的業績測定システムとしてのバランスト・スコアカード**であった。国際競争において優位を占める上で，顧客嗜好の変化に対応できる研究開発体制を構築し，また巨額の研究開発投資を行う必要がある。しかし，これは短期の利益業績を押し下げることになる。そこで，このような投資を促進する方法として，財務的指標の利益以外に，顧客満足度，市場占拠率などの非財務的指標を加えた，多元的業績測定システムが提案された。

　しかし，バランスト・スコアカードは，戦略マネジメントのシステムとして，いまも進化を続けている。この展開のなかで定義すると，次のようになる。バランスト・スコアカードとは，財務的指標と非財務的指標による多元的業績測定システムを伴った戦略マネジメントのシステムである。

　ここにおいて，**戦略マネジメントのシステム**とは，前章で述べたように，「マネジメントコントロールのPDCAサイクルにおいて経営戦略に焦点を当てることによって，戦略実施を促進して，競争優位をもたらすシステム」である。

　この点，バランスト・スコアカードは，§2と§3で説明するように，戦略実施上何が中長期の戦略課題となるのかを戦略目標として設定するだけではない。この目標を達成して成果が上がっているかをPDCAサイクルを回してコントロールしたり，戦略目標達成のための行動指針となる指標の目標を設定してPDCAサイクルを回したり，まさに戦略実施に焦点を当てた戦略マネジメントのシステムである。戦略課題を明示することに加えて，戦略実施の役割を担うミドルマネジメント以下の経営管理者に対して，行動指針を与えるとともに，その業績をPDCAサイクルにおいて管理するという意味では，**戦略的業績管理システム**であるといえる。

2■ バランスト・スコアカードは戦略マネジメントに有効

(1) 経営戦略の明確化

　バランスト・スコアカードの戦略マネジメント上の効果は次の3点に認める
ことができる。①経営戦略の明確化，②経営戦略の共有，③経営戦略の着実な
実現の3つがこれである。これらは，良い戦略マネジメントの条件になってい
るものである。以下，順に説明する。

　最初に，経営戦略の明確化から述べよう。環境変化や競争が激しい組織では，
明確なコンセプトとなる長期目的と経営戦略がないと，環境変化に対する組織
行動がバラバラになり，組織が崩壊してしまう。経営戦略の明確化そのものは
経営戦略の問題である。このかぎりでは，経営戦略の明確化は，バランスト・
スコアカードの効果というよりは，むしろその前提条件といったほうがよいの
かもしれない。

　しかしながら，バランスト・スコアカードの設計・運用にあたって，経営戦
略が必ずしも明確とはかぎらない。

　バランスト・スコアカードでは，戦略実施に対してキーとなる中長期の具体
的な戦略課題を探索して，この課題を戦略目標として設定する。しかし，具体
的な戦略目標が洗い出せない場合も考えられる。経営戦略そのものがキャッチ
フレーズ的で不明確であったりすると，戦略目標に落とし込むときに経営戦略
の不明確さが明らかになる。この場合，経営戦略の見直しが行われ，より明確
なものに置き換えられる。これはバランスト・スコアカードによる「経営戦略
の明確化」の効果である。

(2) 経営戦略の共有

　トップマネジメントが明確な経営戦略を策定したところで，これが組織成員
に共有されないと，この経営戦略はトップマネジメントの単なるビジョン，絵
に描いた餅に終わってしまう。経営の現場に直面して，戦略実施の役割を担う
ミドルマネジメントやロワーマネジメントが，彼らの任務を認識して行動しな

ければ，戦略実施はおぼつかなくなるのは自明である。経営戦略の共有に向けた「組織成員への働きかけ」が求められている。

　バランスト・スコアカードでは，戦略目標の設定に際して，§3で述べる戦略マップにおいて，戦略目標間の因果関係が図示される。そしてさまざまなミーティングの場で，トップマネジメントの所信表明が戦略マップを使って行われ，組織成員に開示される。これによって，戦略目標が戦略実施にどのようにつながっているのか，また各戦略目標について自分たちの任務が何なのかが組織成員に共有される。

⑶　経営戦略の着実な実現

　バランスト・スコアカードの第3の効果は，それが戦略マネジメントのシステムであることからいうと，経営戦略を着実に実現できることである。バランスト・スコアカードは，戦略目標と戦略マップ以外に，戦略実施のために次の2つの仕組みを組み込んでいる。

①　各戦略目標について，成果指標とパフォーマンスドライバーを設定した上で，これらの指標の目標を設定して PDCA サイクルを回す仕組みがあること。この仕組みについては，§2で述べる。

②　戦略目標を財務の視点，顧客の視点，社内ビジネスプロセスの視点，学習と成長の視点の4つの視点について設定する仕組みがあること。この仕組みは§3で取り上げる。

§2　戦略目標・成果指標・パフォーマンスドライバー

1■　戦略目標を設定する

　最初に，上記の第1の仕組みを自治体の例で説明する。この自治体で施策方針（経営戦略）として策定されていたのは「ふれあいで築く生きがいのあるまち」であった。この方針のもと，戦略実施にとってキーとなる中長期の戦略課

題つまり**戦略目標**として設定されたのは，高齢福祉課のいくつかの事業（シルバー人材センター補助事業，老人クラブ補助事業，施設循環福祉バス事業など）について，「生きがい対策と社会参加の推進」であった。つまり，高齢福祉課のいくつかの事業のあり方を高齢者の「生きがい対策」と「社会参加の推進」の観点から見直した上で，具体的な行動をとることが事業担当者の戦略実施上の課題となった。

2■ 成果指標を設定する

　もっとも，戦略マネジメントのシステムとしては，事業担当者がこのような検討を重ねて，実際に行動を起こしたのか，またこの行動が戦略目標の達成をもたらしたのかをチェックする仕組みが必要である。経営戦略を戦略目標に落とし込んだとしても，実際に戦略目標の達成をチェックする仕組みがないと，経営戦略は絵に描いた餅に終わってしまうこともある。かといって，定性的な評価だけでは曖昧さが残ってしまうため，定量的な指標を使ってチェックするというのがバランスト・スコアカードの発想である。

　このために使われる指標が**成果指標**と呼ばれる。これは，戦略目標の達成によって期待される成果と定義できる。自治体の例では，「生きがい対策」と「社会参加の推進」という点で成功すれば，高齢者の参加が高まり，シルバー人材センター補助事業については就業者数，老人クラブ補助事業については加入者数が増えるものと期待できる（**表12.1**参照）。

　成果指標が決まると，この目標が設定される。そして，バランスト・スコアカードの運用が始まると，たとえば四半期ごとに PDCA サイクルが回される。**図12.1**に示したように，戦略目標の設定と成果指標の目標設定が plan に相当し，バランスト・スコアカードの運用が始まると，３カ月ごとに成果指標の目標達成のチェックが行われ，未達成の場合，是正のアクションがとられる。

　図12.1の PDCA サイクルにおいて，戦略目標の設定や成果指標の目標設定に対してフィードバックループが描かれている。これは戦略目標の設定や成果指標の選択があくまでも仮説にすぎないからである。「この戦略課題の中長期

事業名	戦略目標	成果指標	パフォーマンス ドライバー
シルバー人材 センター補助	生きがい対策と 社会参加の推進	就業者数	斡旋業務数
老人クラブ補助	生きがい対策と 社会参加の推進	加入者数	催物回数

表12.1　戦略目標・成果指標・パフォーマンスドライバー

における解決が戦略実施にとってキーになる」とか，「この戦略目標を達成できれば，こういった成果が期待できる」といっても，この因果関係は仮説にすぎない。

　したがって，成果指標の目標を達成できない原因は，戦略目標を視野に入れたアクションプログラムの検討不足やこの実施不足以外に，戦略目標や成果指標の設定上の問題であることも考えられる。バランスト・スコアカードを1年近く運用しても，成果指標の目標が達成できない場合，後者の原因を想定して，戦略目標や成果指標の見直しを考慮しなければならない。このように，仮説がPDCAサイクルにおいて検証される。**仮説検証の経営のシステムとなりえる**ことは，バランスト・スコアカードの大きな強みといえる。

3■ パフォーマンスドライバーを設定する

　しかし，バランスト・スコアカードの最大の特色はパフォーマンスドライバーの設定とこの目標に関するPDCAサイクルにある。パフォーマンスドライバーとは，「成果指標の目標を達成する上で経営管理者の行動指針となるとともに，彼らの行動を通じて影響を及ぼすことができる指標」をいう。

　上述の自治体の例を続ける。担当者の行動指針となるパフォーマンスドライバーも**表12.1**に示されている。これは，担当者が成果を上げるなかで押さえどころとなる指標である。シルバー人材センター補助事業では，成果指標は就業者数であるから，高齢者が生きがいをもって社会参加ができるような業務内容をシルバー人材センターに取り込むことが先決となる。就業者数の増加，ひい

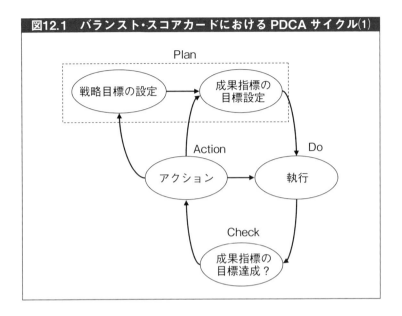

図12.1　バランスト・スコアカードにおける PDCA サイクル⑴

ては戦略目標「生きがい対策と社会参加の推進」さらには施策方針「ふれあいで築く生きがいのあるまち」の実現には，シルバー人材センターにおける斡旋業務がほとんど単純労働である現状を見直した上で，斡旋業務の充実が求められる。このため，パフォーマンスドライバーが斡旋業務数に設定された。

　老人クラブ補助事業も同様に，高齢者に魅力のある催物を充実して，参加を促していけば，成果指標の改善につながるであろうということで，パフォーマンスドライバーが催物回数に設定された。

　成果指標とパフォーマンスドライバーの２つについて，PDCA サイクルが，**図12.2**に示されている。パフォーマンスドライバーが設定され，その目標が決まると，PDCA サイクルが回される。成果指標はなかなか結果が出ないのに対して，パフォーマンスドライバーは行動指針であり，行動をとれば結果が得られる。そこで，行動を誘発するために，成果指標の場合と比べてより頻繁に，たとえば月次に PDCA サイクルが回される。

　パフォーマンスドライバーの目標達成のチェックが行われ，未達成の場合，

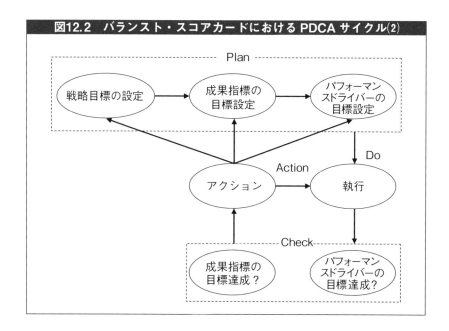

図12.2　バランスト・スコアカードにおける PDCA サイクル(2)

是正のアクションが検討・実行される。同時に，パフォーマンスドライバーについても，このフィードバック情報が，戦略目標，成果指標とパフォーマンスドライバーに関する因果関係の検証に使われる。

　パフォーマンスドライバーでは目標が達成されているのに，成果指標では1年近く経っても目標が未達の場合が特に重要である。このとき考えられるのは，成果指標の目標達成に必要なパフォーマンスドライバーに関する仮説，または戦略目標達成の成果に関する仮説の違いであり，戦略目標，成果指標とパフォーマンスドライバーが見直される。

§3 バランスト・スコアカードにおける 4つの視点

1■ 顧客の視点に立つ

バランスト・スコアカードが戦略マネジメントのシステムとして，戦略を着実に実施できるのは，第2に，「4つの視点」の仕組みを組み込んでいるからである。**図12.3**に示したように，財務の視点，顧客の視点，社内ビジネスプロセスの視点，学習と成長の視点の4つがこれである。

顧客の視点は，顧客嗜好が多様で，しかも変動する今日の経済社会を考えると，戦略実施にとって最もキーとなる非財務的指標である。したがって，財務的視点の目標の次に，戦略実施にとってキーとなる戦略目標を顧客の視点から洗い出す。自治体の例では，戦略目標「生きがい対策と社会参加の推進」は，市民社会の視点における戦略目標であるが，これは営利組織では顧客の視点に相当する。

ここで，仮設例を考えよう。重電機メーカが機器の制御用ソフトウエアのシ

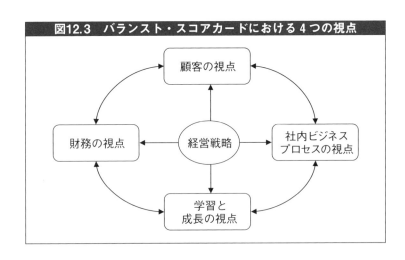

図12.3 バランスト・スコアカードにおける4つの視点

ステムエンジニアの余剰人員を活用して，スモールオフィスや在宅勤務向けに情報共有用のグループウエアを提供するアプリケーションサービス・プロバイダ（ASP）事業を立ち上げた。コンピュータ環境の整備とソフトウエア開発に当初は巨額の資金が必要であるとしても，その後は順調に回収が進み，収益性の高い事業になると見込んでいた。しかし，試用版を配っても，必要な機能が抜けているとか，この機能が何のためについているのかが分からないということで，その手直しに相当の追加資金をつぎ込むことになった。分野がまったく異なるソフトウエアにもかかわらず，エンジニアが彼らの論理で開発を進めたことが失敗の大きな原因であった。

　このような状況のなかで，バランスト・スコアカードを導入することになり，「3年で単年度黒字，5年で累損解消」を基本方針とすることが確認された。この方針に照らして，財務の視点における戦略目標は，「X1年度経常利益1億円」と「X1年度受注高20億円」の2つに設定された（**表12.2**参照）。

　続いて，顧客の視点における戦略目標としては，まず第1に，過去の失敗に

表12.2　仮設例における4つの視点			
視　点	戦略目標	成果指標	パフォーマンスドライバー
財　務	■ X1年度経常利益1億円		
	■ X1年度受注高20億円		
顧　客	■ ユーザフレンドリーな機能開発	■ 試用版登録者数	■ 追加機能数
	■ 用途開発の推進	■ 利用頻度	■ 用途提案パターン数
社内ビジネスプロセス	■ プロシューマ型開発体制の構築	■ プロシューマドリブンの追加機能数	■ HPリンク数
	■ オープンコラボレーションの実現	■ コラボレーション数	■ 訪問・打合せ回数
学習と成長	■ コミュニケーション能力の向上	■ 直属上司の満足度	■ To-Doリスト報告回数
	■ 専門知識の習得	■ 直属上司の満足度	■ セミナー発表回数

学んで，「ユーザフレンドリーな機能開発」が設定された。そして，この目標
の成果指標は試用版登録者数，パフォーマンスドライバーは追加機能数とされ
た。ユーザフレンドリーな機能開発であれば，試用版の登録者数が増えるであ
ろうと想定されたのである。また，行動指針としては，まず追加機能数を上げ
ていくのが先決であると考えられた。

　顧客の視点における第2の戦略目標は用途開発の推進であった。これも過去
の失敗に学んだことであるが，さまざまな機能を開発しても，ユーザが使いた
いと思う用途を提案していかないと，契約には至らない。この提案がユーザに
受け入れられると，当然その機能が多用されるであろうということで，成果指
標は，機能の利用頻度となった。そして，行動指針としては，用途開発のパ
ターンを増やすということで，用途開発のパターン数がパフォーマンスドライ
バーに選択された。

2■ 社内ビジネスプロセスを変革する

　バランスト・スコアカードの第3の視点は社内ビジネスプロセスの視点であ
る。社内における業務の流れを変革しないかぎり，財務の視点や顧客の視点に
おける戦略目標の達成を図れない。これはBPRの視点ともいえる。組織変革
の視点が顧客の視点と並んでバランスト・スコアカードに組み込まれているこ
とは，戦略マネジメントのシステムとして大きな強みといえる。

　ここで重要なのは，各視点における戦略目標探索の順序である。非財務的指
標では，顧客の視点が基本となることから，経営戦略と財務の視点における戦
略目標の視座に立って，まず顧客の視点における戦略目標を洗い出す。次に，
経営戦略，財務の視点と顧客の視点における戦略目標に照らして，社内ビジネ
スプロセスの視点におけるキーとなる中長期の戦略課題を探索して，これを社
内ビジネスプロセスの視点における戦略目標とすることになる。

　この順序を説明する上で，バランスト・スコアカードの別の仕組みである戦
略マップにふれておこう。ASP事業の例において，経営戦略のもと，財務の
視点における戦略目標と顧客の視点における戦略目標がそれぞれ2つずつ洗

い出されているが，それが**図12.4**の戦略マップの上部に描かれている。中長期
に顧客の視点において「ユーザフレンドリーな機能開発」と「用途開発の推
進」が必要である。そして，この2つが達成できれば財務の視点における戦略
目標が達成できるであろうという意味で，顧客の視点における戦略目標から財
務の視点における戦略目標に矢印が引かれている。これは戦略目標間の因果関
係を示している。ただし，すでに述べたように，これはあくまでも仮説であり，
PDCA サイクルにおける検証が求められる。

　社内ビジネスプロセスの視点における戦略目標に話を戻そう。ASP 事業の
例では，ユーザフレンドリーな機能開発を進めるにしても，また用途開発を推
進するにしても，ユーザの声を反映した開発体制を組むのが先決である。そこ
で，プロシューマ型開発体制の構築が戦略課題となることから，これが戦略目
標に設定された。**図12.4**の戦略マップにおいて，「プロシューマ型開発体制の
構築」から顧客の視点における戦略目標「ユーザフレンドリーな機能開発」と
「用途開発の推進」に対して矢印が引かれているのは，これを示している。

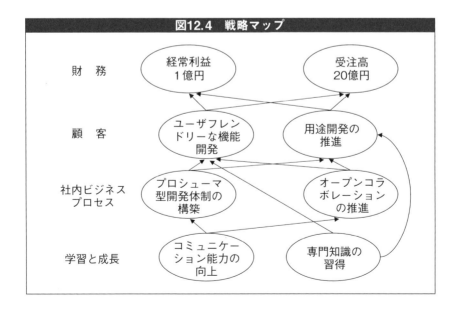

図12.4　戦略マップ

　社内ビジネスプロセスの視点における第2の戦略目標はオープンコラボレーションの推進である。過去の失敗の1つは機器制御用のソフトウエアのエンジニアだけで開発を進めたことであった。このため，社外のベンダーとのコラボレーションを推進し，社外の資源を活用することにより，ユーザフレンドリーな機能開発やユーザが望む用途開発の体制作りをしようとした。この点は，**図12.4**において，戦略目標「オープンコラボレーションの推進」から，顧客の視点における2つの戦略目標に対して矢印が引かれていることに示されている。

　ここで，**表12.2**を参照して，社内ビジネスプロセスの視点における成果指標とパフォーマンスドライバーを説明する。プロシューマ型開発体制の構築については，これが達成できれば，ユーザの声を反映した機能の数が増えるであろうということで，プロシューマドリブンの追加機能数が成果指標に設定された。また，行動としては，ユーザの声を聞く媒体としてインターネットが重要であるということで，HPリンク数がパフォーマンスドライバーに設定された。オープンコラボレーションの推進については，成果指標はコラボレーション数，パフォーマンスドライバーは訪問・打合せ回数に設定された。ベンダーへの訪問と打ち合わせが行動として望まれるからである。

3■　人材をマネジメントする

　バランスト・スコアカードにおける第4の視点は「学習と成長の視点」である。これは，「人材マネジメントの視点」といってもよい。経営戦略に照らして，財務の視点と顧客の視点における戦略目標を達成するために，社内ビジネスプロセスの変革が要請されるのと同じく，戦略実施には，人材が欠かせない。人材を確保したり，開発したりしないと，組織を変革できないし，顧客の視点における戦略課題にも応えることができない。この点，バランスト・スコアカードが「学習と成長の視点」を組み込んでいるのは，戦略マネジメントのシステムとして大きな強みである。

　ASP事業の例では，「コミュニケーション能力の向上」と「専門知識の習得」が中長期の戦略課題であるとされ，これが学習と成長の視点における戦略目標

に設定された。前者は，**図12.4**の矢印が示唆しているように，ユーザの声を反映した開発体制を構築するためにも，またベンダーとのコラボレーションを進めるにしても，ユーザやベンダーとのコミュニケーション能力の向上が求められたからである。この戦略目標に関する成果指標は，その指標化が難しいということで，上司の評価によることになった。行動指針としては，to-do-listの作成がコミュニケーションの有効化につながるということで，to-do-listの報告回数がパフォーマンスドライバーに選ばれた。

　学習と成長の視点における第2の戦略目標は，専門知識の習得である。**図12.4**を参照すると，顧客の視点における2つの戦略目標に対して矢印が引かれている。グループウエアに関連した専門知識の欠如のため，顧客ニーズに対応できなかった失敗を教訓として設定されたのである。この戦略目標の成果指標も上司の評価によることになったが，行動としてはセミナーでのプレゼンテーションが専門知識の習得を促すということで，セミナー発表回数がパフォーマンスドライバーに設定された。

4■ 戦略マップにおいて戦略目標の因果関係を確認する

　以上，バランスト・スコアカードが4つの視点を組み込んでいることから，経営戦略を着実に落とし込める効果があることを説明した。戦略実施の視野に立って，財務，顧客，組織変革，それに人材マネジメントの視点を総合的に組み込んだ戦略マネジメントのシステムはこれまで存在しなかった。

　さらに，各戦略目標間の因果関係を図示した戦略マップは，経営戦略の共有に役立つだけではない。戦略マップは，戦略実施にとってキーとなる戦略目標が洗い出されているのかどうかを確認するのに使うことができる。

　図12.4を使って説明する。図を上側から観察すると，顧客の視点の「ユーザフレンドリーな機能開発」を進めるには，まず第1に社内ビジネスプロセスの視点から「プロシューマ型開発体制の構築」を進め，社外資源を活用するために「オープンコラボレーションの推進」を図るとともに，学習と成長の視点から「専門知識の習得」を推し進めなければならないという関係を読み取ること

ができる。

　しかし，戦略マップが示しているのは戦略目標間の因果関係であるから，戦略マップを下側からも観察することが重要である。上例でいうと，専門知識の習得，プロシューマ型開発体制の構築，オープンコラボレーションの推進の3つが達成できれば，ユーザフレンドリーな機能開発につながるかどうかを確認しなければならない。この確認を行うことにより，戦略実施にとってキーとなる中長期の戦略課題をすべて取り込むことができる。それだけ，戦略マップは，経営戦略の落とし込みのための戦略マネジメントにおける必須の仕組みになっている。

　もっとも，バランスト・スコアカードを plan として設定した段階では，戦略マップに示された戦略目標間の因果関係はあくまでも仮説にすぎない。経営戦略，戦略目標，成果指標，パフォーマンスドライバーの間の仮説の因果関係と同じく，戦略目標間の因果関係も PDCA サイクルを回すなかで検証が行われなければならない。この検証をたえまなく行うことが戦略実施体制の強化をもたらすといえる。

第12章　練習問題

設問　a～g の空欄を適切な用語で補いなさい。

(1)　バランスト・スコアカードは，①経営戦略の明確化，②経営戦略の（　a　）と③経営戦略の着実な落とし込みという点で効果的な戦略マネジメントのシステムである。戦略実施に対してキーとなる中長期の戦略課題が戦略目標として設定される。各戦略目標について，（　b　）指標を選択した上で，この指標の目標を設定して PDCA サイクルが回される。さらに，各（　b　）指標の目標達成に必要な行動指針を（　c　）として定めた上で，この指標の目標を設定して PDCA サイクルが回される。

(2)　バランスト・スコアカードにおける財務の視点，顧客の視点，社内ビジネスプロセスの視点，学習と成長の視点は，戦略実施の視野に立って，財務，顧客，（　d　），それに（　e　）マネジメントの視点を総合的に組み込んだ戦略マネジメントの仕組みとなっている。戦略目標間の（　f　）関係を図示した（　g　）は，経営戦略の（　a　）に役立つだけではない。戦略実施に対してキーとなる戦略課題がすべて戦略目標として取り込めているかどうかを確認できるため，経営戦略の着実な落とし込みにも役立てることができる。さらに，戦略目標間の（　f　）関係を PDCA サイクルを回すなかで検証することができる点でも戦略実施に有効な仕組みである。

より進んだ学習のために

Kaplan, R. S., and D. P. Norton, *The Strategy-Focused Organization: How Balanced Scorecard Companies Thrive in the New Business Environment*, Boston, MA: Harvard Business School Press, 2001.（櫻井通晴監訳『キャプランとノートンの戦略的バランスト・スコアカード』東洋経済新報社，2001年）

日本的管理会計システム

第**13**章

原価企画

第Ⅳ部では，第13章において原価企画を，第14章においてアメーバ経営を取り上げる。この２つのシステムはどちらもわが国において生成・発展した日本的管理会計システムである。本章での学習の目標は以下の４点を理解することである。

(1) 原価企画を含めて，日本的管理システムがどのような特徴をもっているのか。

(2) 原価企画は，原価を製品開発の源流で管理するシステムであること。

(3) 原価企画は，PDCA，組織，VE の３つの視座から全体像を理解しなければならないこと。

(4) 原価企画は海外でも適用可能であること。

---

§1　日本的管理会計システムの特徴

1■ 単純，しかし発想の転換

　第Ⅳ部では，第13章において原価企画，第14章においてアメーバ経営を取り上げる。これらのわが国で生成・発展した日本的管理会計は，実務界を含めて国際的に注目された。その理由は，JIT などの他の日本的管理システムと同様，欧米とは異なる発想の転換を伴うシステムであるため，従来にはない競争優位を実現できることである。しかし，この発想転換が同時に日本的管理会計の理

解を妨げる要因の１つであることも見逃せない。

　そこで，日本的管理システム全般における発想転換を説明するため，トヨタで生成したJIT（just-in-time）生産を欧米における在庫管理システムと比較する。欧米の在庫管理における発想では，「品切れが生じると，売上の機会を失ったり，場合によっては顧客を失ったりで機会原価が発生するため，在庫が不可欠である」ことが出発点である。しかし，「在庫費用や段取費・発注費を含めた関連費用が最小となるよう，生産や発注のロットサイズを決めなければならない」とする。

　これに対して，JIT生産では，「在庫は本来ムダであり，必要な場所に必要な数量だけ必要な時間に届ける購買・生産システムを構築する」という発想転換がある。分かりやすい例はコンビニエンスストアの納品システムである。実に多数の商品が少量ずつ陳列されているが，別にバックヤードに多くの在庫を抱えているわけではない。それにもかかわらず，欠品が生じていないのは，１日に何回も必要なだけ小口で配送が行われているからである。

2■　徹底した実施の仕組みを組み込む

　以上，日本的管理システムにおける発想転換の例をみてきた。しかしながら，この面だけを強調すると，「日本的管理システムといっても，実質はなく，単なるスローガンにすぎない」という誤解を与えかねない。これは日本的管理システムに対して欧米において実際に生じている誤解である。これを正すには，日本的管理システムの他の側面を明示しなければならない。

　その第１は「徹底した実施の仕組み」である。JIT生産における「必要な場所に必要な数量だけ必要な時間に届ける」という購買・生産システムの発想はそれ自体非常に単純であるが，これを実現するとなると，**徹底した実施**が求められる。また，徹底した実施の仕組みをシステムに組み込まなければならない。

　JIT生産において，生産ラインのどこかの工程に障害が生じると，中間の在庫が抑えられているため，その発生工程以降のラインがすぐに止まってしまう。そこで，障害を素早く解消する仕組みがJIT生産に組み込まれている。生産

がストップすると，「アンドン」と呼ばれるランプをその工程の作業者が点滅させ，その工程近くの作業者が結集して問題を解決する。

　この他にも，部品を小口発注する仕組みとして，いわゆる「カンバン」がある。これを使って，所要部品を必要な場所で所要の小口量だけ発注し必要とされる時間までにその部品が届くようになっている。

　例をあげればきりがないが，JIT 生産を理解するには，この発想転換のシステムがどのような仕組みから成り立っているのか，またそれぞれの仕組みが全体のシステムのなかでどのような役割を果たしているのかについて，システムの全体像を把握する必要がある。

3■　インターラクションを伴う

　日本的管理システムでは，徹底した実施の仕組みにおいて，組織成員間のインターラクションが重要な要素となっている。組織成員間のインターラクションとは，組織成員が情報を共有した上で，お互いに創意工夫を出し合いながら，問題に対処するよう働きかけることをいう。

　管理会計システムの設計・運用にあたって，業績管理上，組織成員間の「働きかけ」をどのように引き出すかが重要なことは繰り返し述べてきた。日本的管理システムでは，組織成員間のこのような働きかけに加えて，情報共有をベースとして，組織成員がお互いの創意工夫を出し合って問題に対処するまでに至っている。これが創意工夫に満ち溢れたアイデアを生み出しているといってもよい。

　JIT 生産の「アンドン」の例では，生産ラインに障害が生じ，「アンドン」が点滅すると，周りの従業員が障害発生点に集まり，創意工夫を出し合って問題解決にあたる。

§2　原価の源流管理

1■　原価を源流で作り込む

　以上，日本的管理システムが①単純な発想転換，②徹底した実施の仕組み，③組織成員間のインターラクションを伴う仕組みという3つの特徴をもっていること，またシステムのさまざまな仕組みを全体像として捉えなければならないことを説明してきた。これを踏まえて，本章では原価企画，第14章ではアメーバ経営を取り上げる。

　原価企画は1960年代中頃にトヨタにおいて生成したシステムであるといわれている。しかし，現在では，自動車産業だけではなく，組立型産業を中心にわが国の製造業と建設業の多くの会社で使われている。後述するように，原価の大幅な低減だけではなく，顧客満足の増大や開発期間の短縮を実現できる点で，原価企画が競争優位をもたらすからである。この点，原価企画は日本的戦略管理会計システムということもできる。このような競争優位は，その後，欧米の研究者や実務家が着目するところとなった。

　それでは，原価企画とは何なのか，またなぜ競争優位をもたらすのかを考えよう。原価企画とは，原価発生の源流に遡って，VE などの手法をとりまじえて，詳細設計，構想設計，さらには商品企画のステージで原価を作り込む活動といえる。つまり，原価企画は，商品企画，構想設計や詳細設計といったステージにおける製品開発のコストマネジメントのシステムである。

　製造費用が発生するまえの製品開発まで遡ったコストマネジメントであるので，原価企画は源流管理であることを特徴としている。これによって，原価をたとえば30％と大幅に低減できるともいわれている。それは，コストドライバーつまり原価作用因が製品開発の源流でほぼ確定してしまうからである（70～80％程度が確定するともいわれる）。このため，製品開発の源流におけるコストマネジメントが極めて重要であることが分かる。

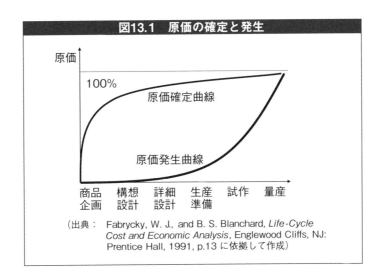

図13.1　原価の確定と発生

(出典：　Fabrycky, W. J., and B. S. Blanchard, *Life-Cycle Cost and Economic Analysis*, Englewood Cliffs, NJ: Prentice Hall, 1991, p.13 に依拠して作成)

　具体例を挙げると，製品間での**部品の共有化**は，自製部品の場合には，部品開発費の削減と大量生産による原価低減をもたらす。また，買入部品の場合にも大量購入による原価低減効果がある。同様に，集積化などにより部品点数を削減できれば，部品装着に要する加工費を相当削減できる。しかしながら，部品の共有化や**部品点数の削減**は開発プロセスで確定する。実際に生産を開始すると，設計図を変更しないかぎり，原価発生の条件となる部品関連のコストドライバーを変えることができない。

　別の例として，商品企画を取り上げる。このプロセスにおいて製品のコンセプトが決められ，顧客に提供する機能が計画される。この決定が原価に大きく作用することは，マンション建設を考えれば明らかであろう。床面積，部屋の構成やグレードが決まると，実際の建設費はほぼ確定してしまう。

　以上の説明は，**図13.1**に表すことができる。**原価発生曲線**が示しているように，製造費用の大部分は実際に生産を開始した以降の量産ステージで発生する。しかしながら，上述したように，商品企画において製品コンセプトや顧客に提供する機能が決定されると，原価が実際に発生していなくても，コストドライバーが相当確定してしまうことは**原価確定曲線**が示している。開発がさらに進

んで，製品の形状や仕様が構想設計のステージで決まると，原価はさらに確定
してしまう。量産用の詳細設計のステージにおいて，さらにコストドライバー
が確定し，量産に向けた生産準備のステージ，すなわち部品の購買や生産ライ
ンの設計（工程設計）に入る頃には，原価が大部分確定する。

2■ 原価低減の仕組みを組み込む

　このように，コストドライバーが製品開発の源流でほぼ確定してしまうとす
ると，製品開発の源流，特にその上流の商品企画や構想設計のステージにおい
て原価を作り込むことが競争優位をもたらすことは明らかである。しかし，原
価企画は製品開発の源流における原価低減活動というスローガンに留まるもの
ではない。原価が製品開発の源流で大部分決まってしまうこと自体は，原価企
画の発見ではないし，製品開発プロセスにおいて原価を考えない会社はどこに
もない。

　それでは，日本的管理システムの特徴が原価企画にどのように現れているの
か。たしかに，「製品開発の源流で原価を作り込む」という発想は単純である
とともに，これまでの能率や設備などのコストドライバーを対象とした原価低
減のシステムと比べて発想転換がみられる。しかし，原価企画は製品開発プロ
セスにおける原価低減に徹底的にこだわって，これを徹底的に実施するための
さまざまな仕組みを組み込んでいる。しかも，この仕組みは組織成員間のイン
ターラクションを要素としている点において，まさしく日本的管理システムの
３つの特徴を備えている。§３以下において，これらの仕組みの全体像を説明
する。

§3　PDCA の視座

1■ 目標原価を設定する：目標原価の設定と細分割付け

　原価企画の全体像を理解するには，原価企画を３つの視座から観察するのが

適切である。**図13.2**に示したように，PDCA の視座，組織の視座と VE（value engineering: 価値工学）の視座の３つがこれである。

PDCA の視座とは，マネジメントコントロールにおける PDCA サイクルから原価企画を観察することをいう。この視座からみると，原価企画の仕組みの１つは目標原価の設定と目標原価の細分割付けである。これは原価企画における PDCA サイクルの plan に相当するステップである。

原価企画が欧米の研究者と実務家の注目を浴びたのは，目標原価の設定がマーケットインで行われることであった。マーケットインとは，プロダクトアウトに対立するアプローチである。プロダクトアウトは，企業の視点から市場にアプローチする考え方であり，「会社が何をどれだけの価格で提供するのか」という目線で顧客に提供する機能や価格が決定される。これに対して，マーケットインは，顧客の視点から会社をみるアプローチであり，顧客に提供する機能や価格が顧客の目線で決定される。

図13.3をみると，プロダクトアウトでは，会社が顧客に提供する機能からみた予定原価が出発点であり，この予定原価に目標利益を加算して，目標価格が企業の論理で設定される。これに対して，マーケットインでは，市場が要求す

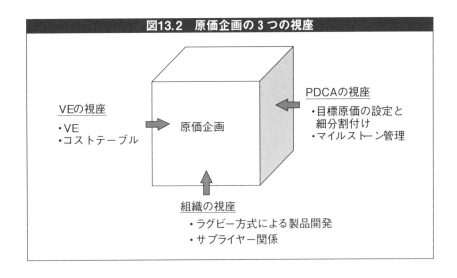

図13.2　原価企画の３つの視座

VEの視座
・VE
・コストテーブル

原価企画

PDCAの視座
・目標原価の設定と細分割付け
・マイルストーン管理

組織の視座
・ラグビー方式による製品開発
・サプライヤー関係

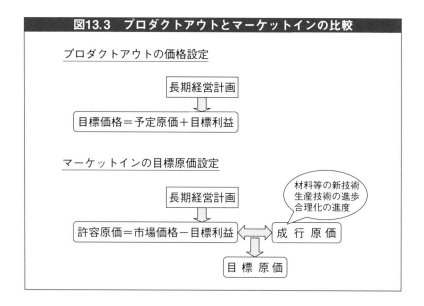

図13.3　プロダクトアウトとマーケットインの比較

る価格が出発点となって，長期経営計画で設定された目標利益を市場価格から控除して，**許容原価**が設定される。いわばマーケットが許容する原価である。

　もっとも，競争が激しく，新製品が出るたびに機能が追加される一方，価格を上げることができない状況では，許容原価はタイトすぎる水準となる。そこで，この許容原価を**成行原価**とすり合わせて目標原価が設定される。ただし，この成行原価は，現行機種の成行的な積上原価ではない。不能率の部分が排除されるのはもちろん，材料等における技術革新，生産技術の進展，合理化の進度などを加味して設定される（**図13.3**参照）。

　したがって，許容原価と成行原価をすり合わせるといっても，目標原価は相当タイトである。製品開発に関連するさまざまな職能担当者が発想を転換して，その創意工夫を結集しないと，目標原価は達成できない水準に設定されている。逆にいうと，このような創意工夫を引き出そうとするのが原価企画である。

　原価企画が原価低減以外に**顧客満足**の増大をもたらすといったが，これも原価企画がマーケットインの製品開発をマネジメントするシステムであるためである。製品の機能が原価と同様に製品開発の源流で決まるため，新製品の機能

を顧客の目線で作り込む仕組みが必要とされる。

　目標原価が決まると，この目標が製品の機能別や部品別に展開される。これを**目標原価の細分割付け**という。たとえば，自動車の操縦性，安全性，居住性などの機能別に目標原価を割り付けることが**機能別細分割付け**である。このステップでは，顧客価値を考慮して，目標原価の割付けが行われる。次に，機能別目標原価が各機能に関連したコンポーネントや部品に展開される。これは**部品別細分割付け**と呼ばれる。自動車の安全性の例では，車体の構造部，ブレーキ周りやエアバッグなどのさまざまな部品に目標原価が割り付けられる。

2■ 節目節目で目標の達成をチェックする：マイルストーン管理

　原価企画の仕組みの第2は，PDCA サイクルの DCA にあたる**マイルストーン管理**である。目標原価の設定やその細分割付けと並んで，管理会計ではなじみ深い仕組みである。マイルストーン管理では，目標の達成に向けてマイルストーンを定めて，製品開発の節目節目でコストレビュー（CR）やデザインレビュー（DR）を繰り返しながら，目標を着実に達成できるよう管理が行われる。

　ここにおいて，**コストレビュー**とは，製品開発プロセスの節目節目において，たとえば商品企画，構想設計，詳細設計といった開発ステージの終了前に，部門横断的なミーティングを招集して，目標原価の達成度合いを審査し，先の開発ステージに進むかどうかを決定することをいう（**図13.4**参照）。未達成の場合，以降のステージで達成の目処が立たなければ，先に進むことはない。デザインレビューも同様で，節目ごとに製品コンセプトや顧客に提供する機能の実現度合いについて，部門横断的なミーティングにおいて審査を行った上で，先の開発ステージに進むかどうかを決定する。

　図13.4から分かるように，コストレビューについていうと，目標原価の達成にこだわって，節目節目に何回もマイルストーン管理が行われている。ここに日本的管理システムの特徴の1つである「徹底した実施」の仕組みづくりがみられる。その徹底ぶりは，試作が完了した段階で原価を集計しておき，量産開始後も，原価改善活動や原価維持活動がさらに行われることに現れている。

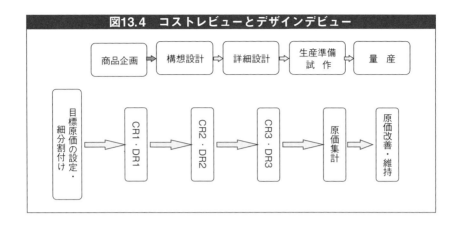

図13.4　コストレビューとデザインデビュー

商品企画 → 構想設計 → 詳細設計 → 生産準備試作 → 量産

目標原価の設定・細分割付け ⇒ CR1・DR1 ⇒ CR2・DR2 ⇒ CR3・DR3 → 原価集計 ⇒ 原価改善・維持

§4　組織の視座

1■ 職能横断的インターラクションを生み出す：ラグビー方式の製品開発

(1)　コストレビューとデザインレビュー

　以上，コストレビューやデザインレビューは部門横断的なミーティングの場で行われている。したがって，原価企画の全体像を探るには，部門を横断していることに焦点を当てて，原価企画を組織の視座から観察しなければならない。この視座からみると，ラグビー方式とサプライヤー関係の2つの仕組みがある。前者から説明する。

　日本型の製品開発は，ラグビー方式と呼ばれている。これに対して，欧米型の方式はバトンタッチ方式とされる。

　バトンタッチ方式では，図13.5の上側に示したように，商品企画が終わると，この部隊から構想設計の部隊に仕事を引き継ぎ，次に構想設計の部隊から詳細設計の部隊へと仕事を進めてから，購買や工程設計の生産準備の部隊に仕事を引き継ぐ。これは製品開発の流れではあるが，バトンタッチ方式では，各部隊の仕事が完全に分断されている。製品開発の下流の部隊と上流の部隊とが製品

開発のプロセスでお互いに創意工夫を出し合って製品開発上の問題にあったったりするようなことはない。

　これに対して，ラグビー方式では，製品開発に関わるさまざまな職能の担当者がオーバーラップしながら，製品開発が進められる。いわばクロスファンクショナル（職能横断的）な製品開発体制である。たとえば，工程設計の部隊が，構想設計や詳細設計のステージにおいて，能率的な量産となるよう設計上の提案を行い，これが設計に取り入れられると，構想設計・詳細設計と工程設計が同時に進められるし，製造費用を低減することができる。

　具体例をあげることにしよう。部品の取り付け位置が量産時に不能率を生むような設計となってしまうことがある。しかし，構造設計や詳細設計のステージにおいて，工程設計部隊がこれを指摘することによって，直ちに設計を修正することができる。これが工程設計のステージで判明して，詳細設計，さらには構想設計まで立ち帰って設計図を引き直すという事態を避けることができる。この結果，開発費の低減や開発期間の短縮を実現できる。

　それでは，このようなラグビー方式による製品開発が生じる仕組みは何であろうか。それは，マイルストーン管理で述べた，部門横断的なミーティングにおけるコストレビューやデザインレビューが職能の壁を越えたインターラク

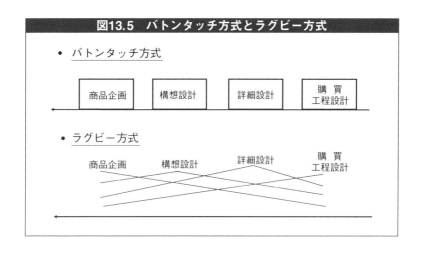

図13.5　バトンタッチ方式とラグビー方式

ション，したがって「創意工夫の出し合い」の場となっているからである。このミーティングのメンバーには，商品企画，構想設計，詳細設計，購買，工程設計などの製品開発に関連した職能担当者以外に，VEスタッフや原価スタッフが加わる。

　図13.5の下側を参照しよう。これは職能担当者が製品開発の各ステージで有する相対的な影響力を示している。製品開発の各ステージにおいて主たる役割を演じるのはもちろん各ステージの担当部隊である。しかし，開発ステージの下流の職能担当者も，開発の上流でのコストレビューやデザインレビューにおける原価や設計の審査に際して自らの意見を表明することにより，上流の開発ステージに対して影響力をもっている。このため，上述のとおり，開発の下流になってから設計図を引き直すという事態を避けることができる。これは，開発の上流で原価や設計上の問題点の洗い出しと創意工夫の出し合いにさまざまな職能担当者を注力させることによって，早期に問題を発見・解決するということで，フロントローディングと呼ばれる。

　フロントローディングによって，早期に問題がすべて解決できれば，試作のステージが不必要となる。実際，試作をスキップして，設計図ができ次第ただちに量産に入る会社もある。このようなケースでは，DR1が第1次試作，DR2が第2次試作，DR3が第3次試作などと呼ばれたりする。

　以上，開発期間の短縮を中心にラグビー方式をみてきたが，この方式は原価低減にも有効である。製品開発プロセスにおける原価低減の要の1つは，上述したように，部品の共有化と部品点数の削減であるが，これを設計図に組み込むには，開発の上流において購買部隊がそのアイデアを設計部隊に注入しなければならない。バトンタッチ方式のように，詳細設計が終わって生産準備が始まるまで購買部隊が製品開発に関与しないというのでは，原価低減の機会が失われることになりかねない。

　以上，製品開発の節目節目でさまざまな職能の部隊が互いに創意工夫を出し合いながら製品開発を進めていくラグビー方式を組織の視座から説明するとともに，マイルストーン管理がこの方式の場になっていることを明らかにした。

　このプロセスは，職能横断的インターラクションのプロセスと捉えることが
できる。これは，職能や部門の壁を越えたインターラクションであり，さまざ
まな職能担当者が原価や製品コンセプトの目標に関して情報を共有した上で，
互いに創意工夫を出し合いながら，目標を達成するよう働きかけている。この
ように理解すると，原価企画がまさしく日本的管理システムの1つであること
が分かる。徹底した実施の仕組みであるマイルストーン管理が組織成員間のイ
ンターラクションを伴っている。

　ここで，高い目標原価の設定が職能横断的インターラクションに及ぼす作用
にふれておく。目標原価は，すでに述べたように，高く設定されていて，製品
開発に関連したさまざまな職能の創意工夫を結集しないと達成できない。各職
能担当者の創意工夫が求められるのはもちろん，職能横断的なインターラク
ションの場において，各職能担当者が他の職能担当者に異なった発想のアイデ
アを注入しながら，目標原価の達成を目指すことになる。部品の共有化や部品
点数の削減のアイデアも，このようなインターラクションを通じて結集されて
いく。部品の一体化を例にとると，購買の目から見たアイデアであるとか，製
造上の組立からみた創意工夫が構想設計や詳細設計に活かされる。

⑵　プロダクトマネジャ

　職能横断的インターラクションを確保するには，コストレビューやデザイン
レビュー以外の別の仕組みも必要である。その1つはプロダクトマネジャの制
度である。これは，**図13.6**に示したように，職能別の部門に横串をさす形で製
品ごとに担当マネジャをおく制度であり，マトリックス組織の一形態といえる。
プロダクトマネジャ（**図13.6**では PM と表記）は，組織を横断して担当製品に
責任をもつマネジャである。

　製品コンセプトの決定から開発後のマーケティングに至る全プロセスに責任
をもつ場合，重量級プロダクトマネジャといわれる。これに対して，設計を中
心としたエンジニアリングのプロセスに責任が限定される場合，軽量級プロダ
クトマネジャと呼ばれる。マトリックス組織であるため，職能担当者は2人の

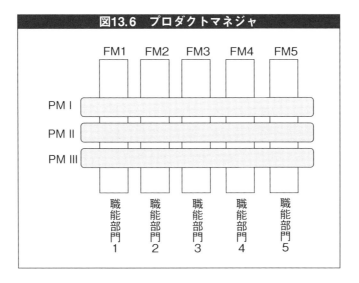

図13.6　プロダクトマネジャ

FM1　FM2　FM3　FM4　FM5

PM Ⅰ

PM Ⅱ

PM Ⅲ

職能部門1　職能部門2　職能部門3　職能部門4　職能部門5

ボスをもつことになる。職能上のボス（職能部門管理者，**図13.6**ではFMと表記）と担当製品上のボス（プロダクトマネジャ）である。

　製品開発の節目節目におけるコストレビューやデザインレビューは，プロダクトマネジャがその責任に対応した職能担当者を招集して開催される。このミーティングにおいて，製品コンセプトや目標原価が達成できるよう，職能担当者から職能の壁を越えた創意工夫を引き出すのはプロダクトマネジャの責務である。また，プロダクトマネジャは，マイルストーン管理のミーティングの場だけではなく，職能担当者の開発業務がコンセプトと原価の両面で計画どおり進捗しているかどうかをチェックしたり，必要な調整を加えたりしなければならない。

2■　サプライヤーを製品開発に巻き込む：サプライヤー関係

　組織の視座からみた原価企画の第2の仕組みはサプライヤー関係である。この仕組みは，サプライヤーを開発初期から製品開発にどのように巻き込むかという観点からみると，ラグビー方式による製品開発の視点から捉えることができる。このように考えると，サプライヤー関係は組織の視座からみた原価企画

の仕組みと位置づけることができる。サプライヤーを開発初期から製品開発に巻き込むことは，デザインイン（design-in）またはコデザイン（co-design）と呼ばれる。デザインインは，原価低減，開発期間の短縮や顧客満足の増大に効果的である。第1に，自社の原価企画に連動させて，サプライヤーにも原価企画を実施させることができるため，部品費を低減できる。第2に，開発初期から製品開発に巻き込むことにより，サプライヤーからさまざまなアイデアを集めることができる。第3に，部品の設計仕様が決まってからサプライヤーが部品の開発を開始する場合と比べて，最初から巻き込んでおいたほうが，開発期間を短縮できる。

§5　VEの視座

1■　機能と原価のトレードオフを分析する

　原価企画の第3の視座のVEの概要を最後に説明する。VEとこれに関連したコストテーブルの2つの仕組みを取り上げる。

　VEでは，製品の機能を機能分析によって定義・評価し，この機能を満たす方法を原価との対比で評価する。数式で示すと，次のとおりである。

$$価値\ V = \frac{機能\ F}{原価\ C}$$

　機能は「（塗装工程の）床を防火する」という例にみられるように，名詞＋動詞で定義される。この機能を満たす床材には多種のものがあるが，その機能の充足度と原価は床材によって異なる。そこで，VEでは，この比率，つまり価値が最大となるよう，機能と原価をトレードオフして，床材が選択される。これは資材部門における床材購入の例であるが，VEは資材管理の方法として，1940年代後半にアメリカで生成した。このようなVEは現在，セカンドルックVEと呼ばれている。

　その後，わが国において，製品開発の源流にも適用されるようになり，構想設計や詳細設計のステージに使われる**開発 VE**（ファーストルック VE），さらには商品企画ステージのマーケティング VE（ゼロルック VE）へと発展した。この経緯を考えただけでも，VE は原価企画の 1 つの仕組みである。たとえば，ファーストルック VE において，機能分析の結果，機能性を高めつつ，部品点数を削減して原価低減を実現する方法が提案されたりする（**VE 提案**という）。

　VE は，さらに次の 3 つの理由から原価企画の不可欠な仕組みである。第 1 に，機能分析の視点は顧客であるから，VE は顧客満足を作り込む仕組みである。第 2 に，このように分析された機能に応じて，PDCA の視座で述べた目標原価の機能別細分割付けが行われる。第 3 に，VE が，製品開発の節目節目におけるコストレビューやデザインレビューといったマイルストーン管理における主要な分析ツールであり，職能横断的インターラクションを促進している。

2■　コストテーブルを作成する

　原価企画のさまざまなステージで原価見積りが必要である。目標原価の設定に際して，成行原価を見積もらなければならない。目標原価の細分割付けや VE 提案の評価についてもそうである。また，マイルストーン管理におけるコストレビューにしても，原価見積りの方法が確立されていなければ，目標原価の達成度を審査できない。この意味では，製品開発プロセスにおける原価見積りの仕組みが不可欠といえる。この仕組みは，**コストテーブル**と呼ばれている。

　開発の源流の商品企画や構想設計では，製品の機能や仕様が決定されるので，コストテーブルもこれらの機能や仕様に対応して設定される。たとえば，自動車エンジンの開発では，バルブ数などのエンジンの種類別に，排気量と原価との関係を示したテーブルが過去の原価の推移を考慮して作成される。

　これに対して，詳細設計のステージで使われるコストテーブルは複雑である。たとえば，生産工場，製造工程，使用設備や要員数などの条件を想定して，さまざまな状況の原価を見積もることができる仕組みを作っておく。このタイプのコストテーブルは，サプライヤーの原価評価，さらにはサプライヤーの選定

にも使われる。このようなコストテーブルは，原価企画を語る上で，徹底した実施の仕組みの最たるものの1つといえる。

§6　原価企画のグローバル化

以上，原価企画の仕組みを PDCA，組織，VE の3つの視座から解説してきた。「製品開発の源流でコストドライバーが大部分確定してしまうため，製品開発のコストマネジメントに注力する」という発想はきわめて単純である。しかし，現実には原価の源流管理はシステムとしては存在しなかったなかで，このシステム作りに注力したのは発想転換であった。発想転換のシステムである点は JIT などの日本的管理システムと共通であり，原価企画はまさに日本的管理会計のシステムといえる。

もっとも，原価企画は発想転換のシステムであるといっても，単なるスローガンに終わるものではない。他の日本的管理システムと同様，単純な発想に徹底的にこだわり，その実施のために，さまざまな仕組みを生み出している。

さらに，「徹底した実施」の仕組みに関連して，職能横断的インターラクションが仕組みの1つの要素になっている。これは組織成員間のインターラクションという点で他の日本的管理システムにも共通である。原価企画の場合，マイルストーン管理におけるコストレビューやデザインレビューのミーティングにおいて，職能横断的インターラクションが典型的にみられる。このインターラクションにおいて，異なった職能の目からみたアイデアが製品開発に注入されたり，フロントローディングにより開発期間が短縮されたりする効果がみられる。

問題は，このような日本的管理会計システムとしての原価企画がグローバルに使えるかどうかである。日本企業のグローバル化に伴って，日本企業の現地法人に原価企画を海外移転しているケースも多いが，この場合，発想や仕組みが異なるシステムであるだけに，現地のエンジニアにこの発想や仕組みを十分に共有させることが導入成功の決め手である。特に，製品開発をラグビー方式

で進める意義やその仕組みについて理解を求めることが重要である。この点は，海外企業が原価企画を導入する場合にも同様である。

　また，原価企画の海外移転にあたって，職能横断的インターラクションがコストレビューやデザインレビューのミーティングだけで実現できなければ，インターラクションを促す別の仕組みを原価企画に組み込むことも考えられる。すでに述べたプロダクトマネジャ，特に重量級プロダクトマネジャの制度を導入することもその1つであるが，別の方法もある。

　それは情報システムを原価企画に組み込むことである。情報システム，たとえばe-mailを使って，異なる開発ステージのエンジニア間で開発の概略や進捗度合いに関して情報共有を進めるだけでも，インターラクションが生じる。また，3D CADを使って，部品の設計図が書き上がった段階で設計データをインプットすれば，システム上で仮想的に組み立てを行うことができる。そして，この部品が他の部品と相互にぶつかっていないかどうかが分かる。問題が生じていれば，そこでただちに関係者が集まって，問題解決を図ればよい。この場合，情報システムが，インターラクションを必要なときに，必要なだけ確実に促している。

　最後に，原価企画のグローバル化に関連して，サプライヤー関係を再度取り上げる。わが国においてサプライヤーを原価企画に巻き込んでいるのは系列関係と無関連ではない。しかし，原価企画に必要な仕組みは系列そのものではなく，デザインインである。このように考えると，原価や開発期間からみて，サプライヤー側にもメリットがあれば，欧米においてもデザインインは進むはずである。実際，日本企業の海外法人だけではなく，欧米企業においても，デザインインが浸透しつつある。このかぎりでは，原価企画の発想とその仕組みが伝われば，原価企画のグローバル化が進展するといってよい。

第13章　練習問題

設問　a〜dの空欄を適切な用語で補いなさい。

(1)　日本的管理システムには，①単純な発想転換，②徹底した実施の仕組み，③組織成員間の（　a　）を要素とした仕組みという3つの特徴がある。

(2)　PDCAの視座からみた原価企画の仕組みとしては，目標原価の設定と目標原価の細分割付け，それに（　b　）の2つがある。後者では，製品開発の節目節目，たとえば商品企画，構想設計，詳細設計などのステージが終了するまえに，目標原価や製品コンセプトが実現されているかを部門横断的な（　c　）やデザインレビューの場で審査し，先のステージに進むかどうかを決定する。

(3)　（　b　）は，組織の視座からみると，職能横断的（　a　）の場となっている。このような製品開発の方式は日本型のラグビー方式と呼ぶことができる。

(4)　（　d　）は原価企画の重要な視座である。（　d　）は，製品の機能を機能分析によって定義・評価し，この機能を満たす方法を原価との対比で評価する方法である。これは，原価低減のアイデア出しに有効なだけではない。目標原価の細分割付けに使われる他，（　b　）において職能横断的（　a　）を促す仕組みとなっている。

より進んだ学習のために

　第Ⅳ部の日本的管理会計システムについては，下記の書物を参照されたい。また，そこで示されている文献を読むことによって，さらに高度な学習に進んでもらいたい。

廣本敏郎・加登　豊・岡野　浩『日本企業の管理会計システム（体系現代会計学第ⅩⅡ巻）』中央経済社，2012年
原価企画については，以下の文献を参照されたい。
谷武幸編著『製品開発のコストマネジメント：原価企画からコンカレント・エンジニアリングへ』中央経済社，1997年

第14章

アメーバ経営

学習のポイント

本章では，日本的管理会計システムの１つであるミニ・プロフィットセンターのうち，アメーバ経営について解説する。本章での学習の目標は以下の３点を理解することである。

(1) ミニ・プロフィットセンターの発想は，組織の活性化であり，事業部制とは異なるため，その仕組みにも違いがあること。

(2) アメーバ経営は，フィロソフィと車の両輪（コントロールパッケージ）をなしていて，このコントロールパッケージが組織成員の「数字へのこだわり」と「組織成員間のインターラクション」を生み出し，これが，市場に対応した「現場からの活性化」をもたらしていること。

(3) アメーバ経営の効果的運用には，トップマネジメントの強いリーダーシップに加えて，アメーバリーダーを含めた組織成員の人材育成が不可欠であること。

§1 ミニ・プロフィットセンターの発想

1■ 事業部制と発想が異なる：現場の活性化

本章では，ミニ・プロフィットセンターのなかでも，その典型的なアメーバ経営を§2以下において取り上げる。§1では，ミニ・プロフィットセンターの発想が事業部制とは異なること，そしてアメーバ経営以外にも多様なシステ

ムがあることを中心に，ミニ・プロフィットセンター全般を説明する。

　ミニ・プロフィットセンターは，原価企画と同じく，わが国で生成・発展した日本的管理会計システムである。

　ミニ・プロフィットセンターとは，製造部門では工程別や小工程別，営業部門では営業所の担当地域別や担当製品別など，「5・6人から10数人の小集団に利益責任をもたせる制度」である。しかし，責任センターの概念からいうと，「このような小集団はコストセンターではないのか」とか，「このような小集団に実質的な利益責任をもたせることができるのか」といった疑問が生じるはずである。これらの疑問をクリアするには，ミニ・プロフィットセンターが事業部制と発想が異なることを理解しなければならない。

　事業部制では，市場別の事業部に組織が分けられる。そして，ミドルマネジメントの事業部長に利益責任をもたせることによって，市場環境への対処のスピードを速めることを狙っている。

　これに対して，ミニ・プロフィットセンターは，プロフィットセンターが小集団であり，ロワーマネジメントが利益責任をもっている。「市場別分権化」が事業部制の発想であるのに対して，ミニ・プロフィットセンターのそれは，単なる分権化，権限委譲ではなく，「ロワーマネジメントを含めた組織の活性化」にある。このため，その仕組みも事業部制とは異なる。

2■　システムによって多様

(1) 「現場の活性化」のシステムと「現場からの活性化」のシステム

　とはいっても，原価企画の場合と違って，ミニ・プロフィットセンターのシステムは多様である。仕組みもそうであるが，その発想そのものに相違が認められる。

　ミニ・プロフィットセンターの発想は「ロワーマネジメントを含めた組織の活性化」にあるといったが，「現場の活性化」を目的としたシステムもあれば，「現場からの組織全体の活性化」（以下では，「現場からの活性化」という）を狙ったシステムもある。前者は現場を対象とした管理会計システムに留まるのに対

して，後者のシステムは全社のシステムである。アメーバ経営は後者の全社的システムであるが，この違いを明確にするため，その発想を中心として，現場を対象としたミニ・プロフィットセンターの例を簡単に説明しておく。

⑵　ラインカンパニー制

　機種別の生産ラインをミニ・プロフィットセンターとして運営していたケースを1997年6月までの状況について取り上げる。日本電気株式会社の生産子会社であった埼玉日本電気株式会社（NEC埼玉，2015年から2016年度末にかけて別の生産拠点に移管）のラインカンパニー制がこれである（このケースは，谷武幸・三矢裕「NEC埼玉におけるラインカンパニー制」国民経済雑誌，第177巻第3号，17-34頁をインターネットで検索されたい）。

　NEC埼玉では，1993年11月にセル生産に移行した。**セル生産方式**とは，1人または数名の作業者グループが組立から検査に至るすべての作業を受け持つ生産方式である。最終的には，すべての作業を一人でこなして，製品を一人で仕上げる。しかし，これは究極の姿であり，まずは製品の機種別の生産ラインが作られた。そして，ラインのリーダーは，作業者が複数の作業をこなせるよう多能工化を図るとともに，ラインの簡素化に工夫を凝らして，機種別生産ラインと生産に要する時間（生産リードタイム）を短くしていった。

　しかし，この短縮化は目に見えても，これが会社の利益にどうつながっているのかが分らないという声が聞かれるようになった。そこで，セル生産の実効をさらにあげるため，生産ラインをラインカンパニー，そのリーダーを「社長」とするラインカンパニー制が1995年3月から導入された。

　そして，「現場の創意工夫を引き出す」つまり「現場の活性化」を徹底的に実施するために，ライン損益計算書がラインカンパニーの「社長」に毎日報告され，「社長」もその横に翌日の計画を記入した。この損益計算書は，ラインカンパニーの要管理項目に焦点が当るように設計されていた。

　発注元から支給された材料を加工する場合を想定して，売上高は加工量の標準時間分の加工賃で計上された。一方，控除項目は，①人件費，②作業者の貸

し借りに伴う業務支援費（貸しの場合，マイナスでネットの人件費はダウン），③外注加工費，④設備費（ラインを構成するパイプと作業台の評価額）とフロア費（ラインの専有床面積の評価額）の4つであった。

　①と④の「フロア費」により作業者の削減と多能工化が進み，④の「設備費」によりラインの簡素化が促進された。また，生産ラインの短縮化，そして生産リードタイムの短縮によって外注の内製化が加速した。最後の「外注の内製化」には，③も大きく働いた。

　さらに，機種別にラインを設けることによって生じる問題も解消された。毎日の要生産量が一定でないため，機種別ラインの操業時間に日々変動が生じる。これは，ラインカンパニーの「社長」の間で，時間の貸借の交渉を行うことで調整された。

　残業よりは定時のほうが賃率が低い一方，時間を貸す側の「社長」にとっては，その分損益が上がるからである。このように，徹底した実施の仕組みのライン損益計算書が，部門の壁を越えたインターラクションの仕組みでもあった。まさに，前章で述べた日本的管理会計システムの特色を備えるものであった。

　もっとも，ラインカンパニー制は，「現場の活性化」のシステムではあるが，ライン損益計算書が，その上位の部門や全社の損益計算書につながっていない。この点は，組織全体の「現場からの活性化」のアメーバ経営とは別の発想で設計・運用されていた。

§2　アメーバ経営の全体像

1■ 市場に対応した「現場からの活性化」

⑴　アメーバ経営とは

以下では，アメーバ経営を取り上げる。

　§2以下の章の構成は次のとおりである。§2では，アメーバ経営とは何かの全体像を捉えるため，①アメーバ経営が，市場に対応した「現場からの活性

化」の管理会計システムであること，②しかし，アメーバ経営が，フィロソフィと車の両輪（コントロールパッケージ）をなしていることを示す。

　§3と§4では，アメーバ経営の両輪が，市場に対応した「現場からの活性化」をどのようにもたらしているのかを説明する。また，§5では，アメーバ経営の両輪の効果的運用には，トップマネジメントの強いリーダーシップに加えて，アメーバリーダーを含めた組織成員の人材育成が不可欠なことを述べる。

　アメーバ経営は，京セラ株式会社の創業者である，同社名誉会長の稲盛　和夫氏によって考案され，京セラグループの発展の原動力になったとされる。グループ会社以外にも，京セラコミュニケーションシステム株式会社コンサルティング事業本部のコンサルティングを受けて892法人において導入・運用されている（2022年3月末現在）。

　アメーバ経営とは，「市場に対応して，現場の創意工夫を引き出し，組織を活性化するために，現場の管理者にいたるすべての管理者にその職場の経営を任せるとともに，利益に責任を持たせる小集団部門別採算制度」である。現場の小集団がアメーバ，その長がアメーバリーダーと呼ばれる。製造業の場合，生産部門では工程別や小工程別にアメーバが設定されることが多い。

　工程や小工程などの職能別部門は，通常，コストセンターとしてもたれる。これに対して，アメーバ経営では，これらの小集団を町工場に見立て，そのリーダーに経営を委ねて，現場の創意工夫を引き出そうとする。

　アメーバ経営は，①市場に直結した部門別採算制度の確立，②経営者意識を持つ人材の育成，③全員参加経営の実現の3つを意図しているとされる（章末[より進んだ学習のために]に掲げた京セラ名誉会長稲盛和夫氏の著書を参照）。②と③において謳われているように，アメーバ経営では，現場のアメーバリーダーに経営を任せて，企業家精神あふれるリーダーに育成するとともに，「全員参加の経営」を実現して，組織を活性化することが意図されている。工程別のアメーバであっても，設備投資を提案できたりする。

　もっとも，アメーバ経営は全社のシステムである。つまり，現場のアメーバ

の上位の部門もアメーバであり，より上位の部門も同じ採算数字で管理されている。したがって，現場の創意工夫を積み上げた，組織全体の活性化のシステムであり，「現場からの活性化」のシステムといえる。

(2)　マーケット情報の共有

　次に，アメーバの利益責任は実質的である 。つまり，現場のアメーバには「マーケット情報の共有」がなされていて，その利益責任は市場に連動している。アメーバが市場に対応していかないと，利益責任を果たせない仕組みであり，「市場対応性」が高いシステムといえる。現場からの活性化のシステムであることを併せると，全社が市場に対応して創意工夫を凝らすシステムになっている。この点を強調するため，アメーバ経営による組織の活性化を『市場に対応した「現場からの活性化」』と捉える。

2■　フィロソフィとは車の両輪：アメーバ経営のコントロールパッケージ

　次に，アメーバ経営の全体像を示す上で，フィロソフィがアメーバ経営と両輪をなしていることにふれておかなければならない。つまり，この2つがパッケージをなしていると考えなければならない。マネジメントコントロールのパッケージは，コントロールパッケージと呼ばれるので，アメーバ経営とフィロソフィが1つのコントロールパッケージといってもよい。以下では，これを「アメーバ経営のコントロールパッケージ」と略記する。

　フィロソフィがアメーバ経営のコントロールパッケージとなる理由は次の2つである。第1に，現場のリーダーに経営を委ねるわけであるから，彼らは経営者としての判断基準となるフィロソフィをもたないと，うまくアメーバを経営できないし，またメンバーに対してリーダーシップを発揮できない。第2に，フィロソフィを共有しておかないと，リーダーがベクトルの合わない行動をとったり，欺瞞的な行動や利己的な行動をとったりするかもしれない。これらを考えると，フィロソフィを組織の末端まで共有させると同時に，これを組織成員の行動につなげることが，組織を活性化する上で必要不可欠といえる。

　フィロソフィは企業経営上の規範と考えられるが，企業理念つまり「企業の社会に対する約束」とともに，経営理念をなしている。まず，**企業理念**とは，社会的存在としての企業が，「こういう存在でありたい」ということを従業員や顧客，また広く社会全般に対して約束するものをいう。企業は社会的に認知されないと長期的に存続・発展することができないため，このような企業理念を表明する。約束ごとであるから，組織成員がこれを共有して，実際に行動に移して，そのことが社会に認知されることが重要である。

　フィロソフィは，企業経営上の規範として，経営に携わる人々が遵守すべき考え方である。これは，企業理念と併せて表明されることもあるが，フィロソフィとして単独で表明されている代表例は京セラフィロソフィである。京セラの名誉会長である稲盛　和夫氏によって表明された。アメーバリーダーを含めた経営者が遵守すべき規範が示されている。「売上を極大に，経費を極小に」，「値決めは経営である」など，経営上の基本，ならびに「夢を描く」，「利他の心を判断基準にする」など，経営者としてあるべき姿勢が説かれている。

　以下では，京セラフィロソフィを念頭において説明を進める。もっとも，アメーバ経営を実施している会社においてすべて京セラと同一のフィロソフィが表明されているわけではない。しかし，小集団のアメーバのリーダーにその経営を委ねる上で，フィロソフィがアメーバ経営のコントロールパッケージをなしていることは，どのアメーバ経営実施会社にも共通である。

3■ アメーバ経営のフレームワーク

　アメーバ経営の全体像をそのフレームワークとしてあらかじめ図示しておく。**図14.1**を下側から説明すると，『市場に対応した「現場からの活性化」』を生み出しているのは，組織成員の「数字へのこだわり」と「組織成員間のインターラクション」がみられるからであり，さらにこの２つは，アメーバ経営の仕組みとフィロソフィによって実現されている。図では，アメーバ経営とフィロソフィとの間に双方向の矢印を引いているが，これは両者がコントロールパッケージをなしていることを示している。

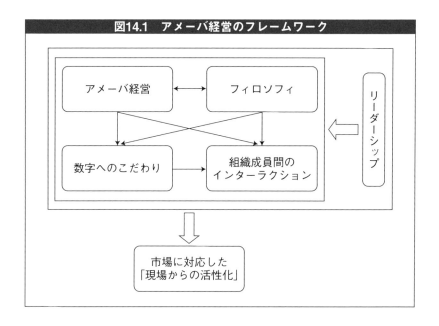

もちろん，アメーバ経営のコントロールパッケージを実施して，市場に対応した「現場からの活性化」を実現するには，図で示したように，「リーダーシップ」が求められる。アメーバ経営の実施とフィロソフィの表明・浸透に対して，トップマネジメントの強いリーダーシップがないと，組織は活性化しない。また，アメーバリーダーを含めた組織成員の人材育成が必須である。

§3　数字へのこだわり

1■ アメーバ経営の仕組み

⑴　徹底した PDCA サイクル

　§3では，**図14.1**に従って，アメーバ経営のコントロールパッケージが全組織成員の「数字へのこだわり」をどのようにもたらしているのか，またこれが組織の活性化をどのように生み出しているかを述べる。

　アメーバ経営のコントロールパッケージにおける組織成員の採算や目標に対するコミットメントは徹底しているし，現場のアメーバリーダーを含めた全組織成員に及んでいる。これは，まさに「**数字へのこだわり**」と表現できる。

　それでは，アメーバ経営の仕組みについて数字へのこだわりと組織の活性化が生まれる要因を考えてみよう。

　数字へのこだわりの仕組みの第1は，アメーバ経営における**徹底した PDCA サイクル**である。典型的なものに限定すると，月次の「予定」組みと日次のチェック・アンド・アクションがある 。これらは通常の予算管理にはみられない仕組みである。予定組みとは，**マスタープラン**（年度計画）を指針として，アメーバの「**予定**」が毎月の計画として詳細に組まれることをいう。毎月の状況を読み取りながら，しかも年度の数字目標を超える実績の達成にこだわって，アメーバの売上はもちろん経費もその細目を毎月詳細に積み上げる。マスタープランの月割が経費の予定としてそのまま承認されることはない。

　しかも，予定の進捗は，前日の実績と月初からの累計が日報によって毎日アメーバの朝礼で報告され，目標を超える実績の達成に向けた毎日の課題がアメーバリーダーから表明される。採算状況や課題を毎日全員で共有しながら，全員が参加して，地味な努力を積み重ねる。このように，目標数字に徹底的にこだわって，日次のチェック・アンド・アクションを繰り返して，早めの対応策が練られる。そして，各月の実績は次月の PDCA サイクルにフィードバックされ，次の月次のサイクルが始まる。

⑵　階層をなす会議体：アメーバ会議と朝礼

　以上，アメーバ経営における月次の PDCA サイクルに的を絞って述べてきた。このような徹底した PDCA サイクルの場となっているのが，全社の経営会議，さらには部や課などの階層別にもたれるアメーバ会議そして毎日の朝礼である。

　月初に開催される経営会議やアメーバ会議では，責任追及よりは，予定を組むことに重点がおかれる。年度の目標を上回る採算を実現できるよう，また毎

月の状況を勘案して，アメーバリーダーが上位のアメーバのアメーバ会議において予定を約束する仕組みである。このような会議を階層的に積み上げて，数字へのこだわりを全社的に生み出している。

日次のチェック・アンド・アクションの場となる朝礼も部のレベルでもたれた後，課，係などで順次行われる。これによって，実績とその日に取り組むべきアクションが全員に共有される。

⑶ 高い目標設定

アメーバ経営では，数字目標の絶対値よりも，前月の実績にどれだけ上乗せした目標を約束するかが評価の重要なポイントとなる。アメーバリーダーは，単に数字を詳細に積み上げるだけではなく，その背後にある「こういう経営でありたい」という自らの夢なりビジョンをアメーバ会議において語るとともに，これを約束する。高い目標設定といえるが，これは，マスタープランにおいても同様である。

原価企画において知られているように，すぐに到達できるような目標はいつでも達成できるという感覚を生むのに対して，ハードな目標は，発想転換を伴う斬新なアイデアを含めて，さまざまな創意工夫を凝らさないと達成できない。徹底した PDCA サイクルであることとあいまって，それだけ現場で創意工夫が生まれ，組織が現場から活性化することになる。

⑷ 現場で理解容易な数字

現場のアメーバに高い目標を設定して，さまざまな創意工夫を引き出すには目標となる数字が現場にとって理解容易でなければならない。数字が読めないと，どうアクションをとったらよいのかが判断できないからである。アメーバ経営における代表的な数字は「時間当り採算」である。

「時間当り採算」は，アメーバの採算表で報告される。**表14.1**は製造アメーバの時間当り採算表の例である。社内売上を含む総出荷Ⅰから社内買Ⅱを減額したネットの総生産Ⅲから，労務費以外のすべての経費Ⅳを差し引いた差引

表14.1　時間当り採算表

総出荷 　社外出荷 　社内売	I
社内買	II
総生産	III＝I－II
：経費 　原材料費 　金具・仕入商品費 　外注加工賃 　修繕費 　……… 　工場経費 　内部技術料 　営業本社経費	IV
差引売上	V＝III－IV
総時間 　定時間 　残業時間 　部内共通時間	VI
当月時間当り	VII＝V÷VI
時間当り生産高	VIII＝III÷VI

売上V（いわゆる付加価値）を計算し，使った総時間VIでこの金額を割ったのが「時間当り」VIIである。これは家計簿的な単純な構造の採算表であり，理解しやすい。なお，経費のなかには本社費の配賦額や社内金利などが含まれる。

　全員参加の経営により現場から組織を活性化するには，全員が理解できる単純な計算構造が必要である。これはラインカンパニー制における「ライン損益計算書」についても同様であった。経営を任せているのに，目標達成の羅針盤となる採算数字が会計の知識がないと読めないというのでは，どう経営を進めるのかがみえず，現場が活性化することはない。時間当り採算を上げるには，売上の増加，経費の削減または総時間の削減を考えればよいというのは非常に分かりやすい。

⑸　アクションの成果の確認

　数字へのこだわりの羅針盤としては，理解が容易ということに加えて，実績がタイムリーに現場のアメーバに提供される必要がある。この点，すでに述べたように，アメーバ経営では，日報は毎日の成果と月初からの累計が翌日に判明する形で提供される。現場が自らとったアクションの成果をすぐに確認できるので，成果を確信しながら進んでアクションをとる基盤ができあがっている。

2■ フィロソフィ

⑴　アメーバ経営の仕組みの哲理

　以上が，数字へのこだわりそしてまた現場からの活性化をもたらしている，アメーバ経営の仕組みである。次に，これをフィロソフィについて述べる。上述のように，京セラフィロソフィでは，経営上の基本，ならびに経営者としてあるべき姿勢が規範として示されている。

　フィロソフィのなかには，アメーバ経営の仕組みの背後にある哲理を与えているものがある。これによって，高い目標数字にこだわって，日次のチェック・アンド・アクションを含めて，徹底した PDCA サイクルのなかで，組織成員全員のさまざまな創意工夫を促している。全般的には「地味な努力を積み重ねる」や「自ら燃える」などもそうであるが，より具体的な規範としては「高い目標をもつ」，「売上を極大に，経費を極小に」，「日々採算をつくる」，「採算意識を高める」などがこれである。

⑵　組織成員の創意工夫を引き出す「考え方」

　アメーバ経営の仕組みには直接織り込まれていない規範も数多く表明されている。第1に，経営に関わる人々には，企業家精神が求められる。夢なり高い目標を掲げるとともに，その実現に向けて，発想転換を伴う斬新なアイデアを含めて，さまざまな創意工夫をつねに凝らすことが経営上の規範となる。「夢を描く」，「独創性を重んじる」，「常に創造的な仕事をする」，「チャレンジ精神をもつ」，「開拓者であれ」などがこれである。

　組織成員から創意工夫を引き出すための行動指針となる具体的な規範も表明されている。たとえば，「潜在意識にまで透徹する強い「持続した願望をもつ」」では，「こういうことをしたい」とそれこそ寝てもさめても心の底から強く持続的に願うことによって，その「思い」が実現できると説く。「見えてくるまで考え抜く」なども創意工夫を生み出すための規範である。

§4　アメーバの壁を越えたインターラクション

1■　上司・部下間のインターラクション

　以上，アメーバ経営のコントロールパッケージによって組織が現場から活性化することを，数字へのこだわりの側面から示してきた。次に，「組織成員間のインターラクション」について，市場に対応した「現場からの活性化」の要因を説明する。

　組織成員間のインターラクションとは，前章で述べたように，組織成員が情報を共有した上で，お互いに創意工夫を出し合いながら，問題に対処するよう働きかけることをいう。アメーバ経営では，アメーバの壁を越えたインターラクションのほか，上司・部下間のインターラクションがみられるので，まず後者から説明する。

　アメーバ経営では，徹底したPDCAの場として階層的にもたれる経営会議，それにアメーバ会議や朝礼などのフォーマルな場だけではなく，インフォーマルな席においても，上司と部下との間でインターラクションがとられている。

　第Ⅱ部「基本のPDCAサイクル」において説明したように，業績管理上，上司・部下間の働きかけが必須であることは，どの管理会計システムにおいても共通である。しかし，アメーバ経営では，どの階層の管理者も，夢なりビジョンを描いて高い目標を日々徹底的に追求する。上司も，部下も，情報を共有した上で，お互いに創意工夫を出し合いながら，問題に対処するよう互いに働きかけていかないと，目標を達成できない。これは，単なる「上司・部下間の働

きかけ」を超えて，「上司・部下間のインターラクション」といえる。

　このようなインターラクションをトップマネジメントからロワーマネジメント，そしてロワーマネジメントからトップマネジメントへと積み重ねることによって，トップマネジメントの方針が現場まで着実に浸透していくとともに，現場の状況に対応した創意工夫の積上げによって全社的に市場に対応できるようになっている。したがって，上司・部下間のインターラクションが，市場に対応した「現場からの活性化」の大きな要因である。

2■　アメーバ経営の仕組み：アメーバの壁を越えて

⑴　マーケット情報の共有

　次に，アメーバの壁を越えたインターラクションを取り上げる。アメーバの壁を越えたインターラクションとは，部門や職能の壁を越えた組織成員間のインターラクションをいう。以下，このようなインターラクション，そしてまた市場に対応した「現場からの活性化」がなぜ生まれるのかを，アメーバ経営の仕組みについて述べる。

　アメーバの壁を越えたインターラクションは，マーケット情報の共有をベースとしている。すでに述べたように，現場のアメーバは通常は職能別に編成されることが多い。たとえば，製造業では，製造アメーバは，工程別や小工程別に分けられる。それにもかかわらず，このような小集団が実質的な利益責任をもつのは，アメーバの採算が市場に連動しているからである。つまり，職能別の製造アメーバにもマーケット情報の共有がなされていて，製造アメーバも，市場に対応しないと，利益責任を果たせない仕組みになっている。

　この点を明らかにするために，アメーバ間の社内取引に適用される振替価格を考えてみよう。事業部制の場合，事業部間の振替価格の設定は，事業部の生産物に市場が存在する場合，その生産物の市価をベースにするというのが管理会計の通説である（第10章参照）。また，このとき，振替については，忌避宣言権，したがって社外取引の権利を認めるべきであるとするのが一般的である。この2点は，アメーバ経営の場合にも異なるところはない。

　しかし，事業部の生産物に市場が存在しない場合にはどうであろうか。管理会計の通説では，生産物のコストに利益を加算して振替価格を設定するという原価プラス基準が提唱される。この基準をミニ・プロフィットセンターに適用すると，図14.2の上側のとおりとなる。成型工程のコスト20に10% の利益を加算して，振替価格22が設定される。次に，プレス工程では，前工程からの22に自工程費18を加えた40に10% の利益を加算して44の振替価格が設定される。以下同様に，営業への振替価格は77となる。

　しかしながら，ほぼすべての売上がこのような原価プラスの振替であると，売り手の部門の利益は，利益加算額が保証されるものの，これ以上の利益をあげるにはコストダウンによるしかなく，しかもそのコストダウンがマーケットからのドライブでないため，利益責任を課してもそれはあくまでも疑似的な利益責任にすぎない。以下で述べるアメーバ経営の方式と比べると，振替価格の設定にマーケットの目線が欠けていて，プロダクトアウトの方式といってよい。

　アメーバ経営では，振替価格の設定はいわばマーケットインの振替価格設定である。すなわち，受注品の場合，営業アメーバの受注価格で製造アメーバ（通常は最終工程のアメーバ）が受注するかどうかについて，両アメーバ間で商談を行い，引き受けたアメーバが営業アメーバに対して営業口銭を支払う。また，受注した製造アメーバは，歩留や利益を考えながら，さらに他の製造アメーバ（通常は前工程の製造アメーバ）と商談を行って，価格を決める。

　図14.2の下側の例で説明する。営業が3,000個を100の価格で受注すると，組立工程に100の価格で3,000個発注の商談をする。組立工程は，受注が決まると，10% の営業口銭を営業に支払う。また，例示では，焼成工程に対して価格80で3,020個の発注をかける。20個追加で発注したのは歩減を見込んだためである。以下同様である。

　原価プラス基準と異なり，営業との商談，さらには製造アメーバ間の商談を通じて，マーケット情報が市場から最も遠い製造アメーバにすばやく入ってくる。このため，何をつくれば利益が上がるのか，またどれくらいのコストでないと全社的に採算がとれないのかが製造側で分かる仕組みになっている。

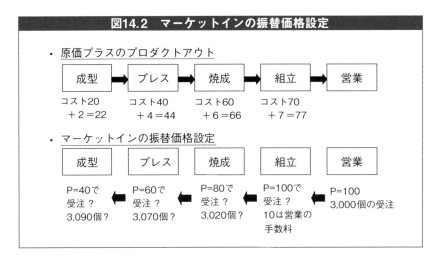

このとき，アメーバ間に存在するのは取引関係である。社内とはいえ，顧客の要求は厳しく，マーケットにあった品質・コスト・納期でないと，忌避宣言権を発動して，別工場のアメーバに発注したり，社外から買ったりということになる。原価プラスであると，標準原価を維持しているかぎり，売り手の製造側の利益が保証されるため，製造側で市場に対応できないのとまさに対照的である。

(2) 相互依存性と「数字へのこだわり」がもたらす創造的連携

アメーバは，市場に対応してアメーバ内の歩留の改善や経費の削減を図るだけではない。もともと現場のアメーバは小集団であるだけに，アメーバ間の相互依存性が高い。このため，他のアメーバや開発部門などと連携していかないと，高い採算目標を単独では達成できない仕組みになっている。しかも，**図14.1**の「数字へのこだわり」から「組織成員間のインターラクション」への矢印で示したように，この目標達成に向けたアメーバの数字へのこだわりが強いため，他のアメーバや部門に働きかけて，自らの利益を上げようとする。

営業からマーケット情報が伝わると，製造アメーバも有利な売価や売り先を求めて営業に働きかけるし，開発部隊と連携して，自分たちの強みの技術は何

で，競争力のあるどんな製品を顧客に提供できるかを営業に提案する。この点では，アメーバの壁を越えたインターラクションは，アメーバの壁を越えた創意工夫ひいては創造的連携を生み出している。

3■ フィロソフィ

このように，アメーバは，互いに連携していかないと，利益がとれない仕組みになっている。とはいっても，アメーバの壁を越えたインターラクションを機能させるには，フィロソフィを組織成員に共有させ，その行動につなげなければならない。これに関わる経営上の基本的な考え方としては，「値決めは経営である」として，値決めが商談のキーポイントであるとされている。

これ以外には，経営者としてあるべき姿勢についての哲理が数多く掲げられている。アメーバ経営は，アメーバの壁を越えた連携を引き出す仕組みではあるが，アメーバリーダーが欺瞞的・利己的な行動をとったりすると，経営者としては失格である。また，アメーバが相互に連携して，市場に対応した「現場からの活性化」を実現する仕組みも機能しない。

このため，アメーバの壁を越えた連携を引き出す規範として，互いに他人を思いやることが謳われている。「利他の心を判断基準にする」とされるとともに，「仲間のために尽くす」，「感謝の気持ちをもつ」，「信頼関係を築く」などとされる。また，「公明正大に利益を追求する」，「パートナーシップを重視する」，「フェアプレイ精神を貫く」などと説く。

問題は，このようなフィロソフィを組織成員にどのように共有させ，またその行動にどのようにつなげるかである。これについては，次の§5で取り上げる。

§5　リーダーシップ

1■　トップマネジメントのリーダーシップ

　図14.1において「リーダーシップ」からの太い左矢印で示したように，アメーバ経営のコントロールパッケージを機能させるには，トップマネジメントの強いリーダーシップが必須である。アメーバ経営を実施しても，トップマネジメントが自ら率先してPDCAサイクルにコミットしないと，現場のアメーバが高い目標を設定して，その目標数字に徹底的にこだわったり，アメーバ間で相互に連携したりすることは期待できない。

　月次のPDCAサイクルだけをとってみても，経営会議，さらには場合によってはアメーバ会議において，報告される前月の採算ならびに当月の予定に対して，各アメーバから強く説明を求めるとともに，トップマネジメントとしての考えを明確に伝えなければならない。

　これは，第1に，上司・部下間のインターラクションに深く関わっている。つまり，採算状況の聴取や自らの考えの表明を通じて，方針を組織の末端にまで浸透させるとともに，現場の情報をくみ上げて市場にすばやく対応できるよう，リーダーシップを発揮する。

　これにも増して重要なのは，経営会議，それに場合によっては部や課のアメーバ会議において自ら範を示すことによって，アメーバ経営とフィロソフィの浸透にリーダーシップを発揮することである。組織成員へのメッセージの場としては講話という方法もあるが，アメーバ経営やフィロソフィの浸透には，これらをどう行動につなげていくべきかを発想できるようになるまで，アメーバリーダーを繰り返し直接指導していかなければならない。このとき，アクションを細かく指示するというよりも，とるべきアクションをアメーバリーダーに自ら考えさせることが求められる。

　アメーバ経営，特にフィロソフィは，教育研修や朝礼における唱和を通じて，

全員に共有させていくことも不可欠であるが，真の共有化つまり浸透とは，実際に行動につなげることである。このような浸透には，トップマネジメントのリーダーシップが求められる。

2■ リーダーの育成

　以上は，別の角度から捉えると，アメーバリーダーの育成がキーとなることを意味している。アメーバ経営の仕組みとフィロソフィを実践して，数字にこだわるとともに，組織成員間のインターラクションを図れる，経営者マインドをもったアメーバリーダーが育たないと，組織が市場に対応して現場から活性化することはない。逆にいうと，アメーバ経営のコントロールパッケージをうまく実施すれば，リーダーが育つといってもよいかもしれない。

　リーダー教育の場としては，アメーバ経営やフィロソフィの研修もある。しかし，経営会議やアメーバ会議，それに朝礼でのOJT教育が重視される。これに関連したトップマネジメントの役割は前述のとおりである。これ以外に，模範となるリーダーを配置転換して，その職場で次のリーダーを育てるのも有効である。

第14章 練習問題

設問　a～dの空欄を適切な用語で補いなさい。
　(1) ミニ・プロフィットセンターには多様なシステムがあるが，事業部制とはその発想が異なり，組織の（　a　）を目的にしている点は共通である。①発想が異なること，②その発想を実現するため，徹底した実施の仕組みを組み込んでいること，③この仕組みが組織成員間の（　b　）を伴うという点で，日本的管理会計システムに共通の特色を備えている。
　(2) アメーバ経営は，「現場の（　a　）」を超えた全社の管理会計システムであり，さまざまな階層の管理者が創意工夫を凝らして，市場や会社の状況に対応していかないと，利益責任を果たせない仕組みになっている。『市場に対応した「現場からの（　a　）」』のシステムであり，フィロソフィと車の両輪つまり（　c　）

をなしている。

(3) この（ c ）が，組織成員の数字へのこだわり，そしてまた組織成員間の（ b ）を生み出し，この2つが，市場に対応した「現場からの（ a ）」をもたらしている。

(4) アメーバ経営の（ c ）がうまく機能するには，トップマネジメントの強いリーダーシップに加えて，経営者マインドをもったリーダーの（ d ）が必須である。

より進んだ学習のために

稲盛和夫『アメーバ経営：ひとりひとりの社員が主役』日本経済新聞社（日経文庫），2006年

谷武幸・窪田祐一『アメーバ経営が組織の結束力を高める：ケースからわかる組織変革成功のカギ』中央経済社，2017年

三矢裕『アメーバ経営論：ミニ・プロフィットセンターのメカニズムと導入』東洋経済新報社，2003年

三矢裕・谷武幸・加護野忠男『アメーバ経営が会社を変える：やる気を引き出す小集団部門別採算制度』ダイヤモンド社，1999年

［練習問題　解答］

第1章

    a．マネジメントコントロール　　b．実施　　c．業績管理アプローチ
    d．統合

第2章

設問1

    a．間接費　　b．部門共通費　　c．キャパシティコスト
    d．マネジド・キャパシティコスト

設問2

    200時間の直接作業時間の増加に対して，修繕料は400千円増加している。したがって，400千円を200時間で割ると，変動比率は2千円／時間となる。そうすると，直接作業時間が1,000時間のときの修繕料2,120千円のうち，2,000千円が変動費となるから，2,120－2,000＝120で，120千円が固定費となる。

第3章

設問1

    a．差額　　b．関連　　c．埋没　　d．機会

設問2

    すでに支出済みの開発費は埋没原価である。したがって，追加の60百万円を支出しても，差引（100－60＝40）百万円の利益増が期待できるため，開発の続行が経済的に有利である。

第4章

    a．責任センター　　b．コストセンター　　c．プロフィットセンター
    d．管理可能　　e．影響可能性

第 5 章

設問 1
　　a．コストドライバー　　b．能率　　c．標準原価　　d．原価標準
　　e．材料消費数量差異　　f．作業時間差異　　g．アクション

設問 2
　　変動費・固定費の内訳が示されていないので，固定予算による三分法を使う。
　　　製造間接費差異＝$50 \times 9,000 - 502,000 = -52,000$　52,000円の不利差異
　　　予算差異＝$50 \times 10,000 - 502,000 = -2,000$　2,000円の不利差異
　　　能率差異＝$50 \times (9,000 - 9,200) = -10,000$　10,000円の不利差異
　　　操業度差異＝$50 \times (9,200 - 10,000) = -40,000$　40,000円の不利差異

第 6 章

　　a．戦略課題　　b．個別構造　　c．ローリング　　d．SWOT 分析
　　e．ギャップ

第 7 章

設問 1
　　a．時間価値　　b．DCF 法　　c．内部利益率法
　　d．リスクプレミアム　　e．加重平均資本コスト

設問 2
　(1)　会計利益率　平均会計利益は$(1,520 + 1,000 + 1,000 - 3,200) / 3$である。
　　　これを平均正味簿価3,200／2で割ると，会計利益率は6.67％である。
　(2)　回収期間　最初の 2 年間で$(1,520 + 1,000)$千円が回収されるので，残り
　　　の要回収額は680千円である。第 3 年度のキャッシュフローは1,000千円であ
　　　るので，3 年目の途中の680／1,000＝0.68年の時点で回収が終わる。した
　　　がって，回収期間は2.68年である。
　(3)　正味現価　$1,520 \times 0.9524 + 1,000 \times 0.9070 + 1,000 \times 0.8638 - 3,200 =$
　　　18.448千円

第8章

設問1

　　a．戦略実施　　b．責任　　c．予算編成方針　　d．利益計画

　　e．セールズミックス　　f．CVP関係

設問2

　(1)　当初の見込どおりであるとすると，利益は

　　　　$7,000,000 \times (1 - 0.8) - 500,000 = 900,000$

　　　利益目標を100,000円下回っているので，その金額の固定費削減が必要となる。

　(2)　損益分岐点 ＝ 400,000円 ÷ 0.2 = 2,000,000円

第9章

設問1

　　a．予算編成　　b．実施　　c．総合　　d．実行　　e．説明責任

設問2

　　$(9,700,000 - 9,600,000) \times (1 - 0.8) = 20,000$　　　20,000円の有利差異

第10章

　　a．市場　　b．弾力　　c．貢献　　d．純利益　　e．使用資本利益率

　　f．社内資本金（または内部資本金制度）　　g．原価プラス　　h．変動的

第11章

　　a．実施　　b．組織変革　　c．経営資源　　d．資源ドライバー

　　e．コストドライバー　　f．顧客価値　　g．コストマネジメント

　　h．付加価値活動

第12章

　　a．共有　　b．成果　　c．パフォーマンスドライバー　　d．組織変革

　　e．人材　　f．因果　　g．戦略マップ

第13章

　　a．インターラクション　　b．マイルストーン管理
　　c．コストレビュー　　d．VE

第14章

　　a．活性化　　b．インターラクション　　c．コントロールパッケージ
　　d．人材育成

索　引

〈著者紹介〉

谷 武幸（たに たけゆき）

神戸大学名誉教授　経営学博士（神戸大学）（1984年）

1944年	大阪府に生まれる。
1967年3月	神戸大学経営学部卒業
1969年3月	神戸大学大学院経営学研究科修士課程修了
1969年8月	神戸大学大学院経営学研究科博士課程退学
1969年9月	神戸大学経営学部助手，同専任講師，助教授を経て
1985年4月	神戸大学経営学部教授，その後大学院部局化により，神戸大学大学院経営学研究科教授（1999年4月）
2006年4月	桃山学院大学経営学部教授
2010年7月	桃山学院大学経営学部退職

［主著］

『事業部業績管理会計の基礎』国元書房，1983年
『事業部業績の測定と管理』税務経理協会，1987年
『現代企業の管理システム』（編著）税務経理協会，1994年
『製品開発のコストマネジメント』（編著）中央経済社，1997年
『アメーバ経営が会社を変える』（共著）ダイヤモンド社，1999年
『競争優位の管理会計』（共編著）中央経済社，2000年
『成功する管理会計システム』（編著）中央経済社，2004年
R. サイモンズ『戦略実現の組織デザイン』（共訳）中央経済社，2008年
『業績管理会計（体系現代会計学第10巻）』（共編著）中央経済社，2010年
『エッセンシャル原価計算』（編著）中央経済社，2012年
『アメーバ経営が組織の結束力を高める』（共著）中央経済社，2017年
『1からの会計 第2版』（共編著）碩学舎，2021年

エッセンシャル管理会計（第4版）

2009年3月20日	第1版第1刷発行
2011年4月15日	第1版第3刷発行
2011年9月20日	第2版第1刷発行
2013年1月30日	第2版第3刷発行
2013年12月5日	第3版第1刷発行
2022年4月30日	第3版第20刷発行
2022年8月15日	第4版第1刷発行
2024年10月30日	第4版第7刷発行

著 者　谷　　　武　幸
発行者　山　本　　　継
発行所　㈱中央経済社
発売元　㈱中央経済グループ
　　　　パブリッシング

〒101-0051　東京都千代田区神田神保町1-35
電　話　03（3293）3371（編集代表）
　　　　03（3293）3381（営業代表）
https://www.chuokeizai.co.jp
製版／三英グラフィック・アーツ㈱
印刷／昭和情報プロセス㈱
製本／誠　製　本　㈱

© 2022
Printed in Japan

会計と会計学の到達点を理論的に総括し、
現時点での成果を将来に引き継ぐ

体系現代会計学 全12巻

■総編集者■

斎藤静樹(主幹)・安藤英義・伊藤邦雄・大塚宗春

北村敬子・谷　武幸・平松一夫

■各巻書名および責任編集者■

中央経済社